大是文化

青春女兒，更年媽媽，誰先成熟

青春孩子與更年爸媽，
相愛又相殺？
這裡有彼此理解、幸福度日的方法

更年期，有高三女兒、國三兒子
南炫州——著
蔡佩君——譯

Contents

第2章／我們都是第一次……077

第3章／更年的我，擁抱不了青春的妳……123

推薦序

在蛻變中受苦，在相愛中享樂

暢銷親子作家、講師／尚瑞君

不管你們以前的親子關係有多好，子女一旦轉大人，父母很難不吃點「苦頭」。

不論你家裡養的是兒子、女兒，還是兒女雙全，當孩子的情緒開始失控時，他們會張牙舞爪的對你大呼小叫，又或是前一秒還眉飛色舞的和你說話，下一秒卻立刻板著臉變成搞自閉的蛤蜊……我相信，大多數的爸媽應該都會覺得既莫名其妙又不知所措。

進入青春期的男孩，怒氣指數爆棚，還會事事看不順眼；進入青春期的女孩，有很多連自己都不解的地雷與介懷。關於青少年的壞脾氣，你可以看我寫的《剛剛好的距離》這本書，至於青少女的種種，閱讀這本《青春女兒，更年媽媽，誰先成熟》，會讓你一邊拭淚，一邊有種被療癒的感覺。

一直很慶幸自己在大兒子小學快畢業前夕，開始成為撰寫親子專欄的作家，那時我已經跟因荷爾蒙劇烈變動、情緒猶如雲霄飛車的兒子磨合兩年了！我認真的學習、觀察、記錄和分享一路走來和孩子的相處與互動，這也讓我們一直往更好、更穩定的關係前進，但老實說，一切真的都好不容易！

最大的問題是，當親子關係遇上「青春期與更年期重疊」時，雙方體內的荷爾蒙都急遽變化。孩子越是爆衝，就可能變得越囂張，而父母卻是越退縮，越覺得自己窩囊，不禁在心中吶喊：家長的尊嚴在哪裡？以前那個可愛的小朋友還會回來嗎？

當作者在跟叛逆期的女兒纏鬥，而回想起母親在她生下小孩後，跑去醫院看她時，她的母親跟孫女說：「不要讓我的女兒太辛苦了。她雖然是妳媽媽，但也是我最心愛的女兒。」看到這段文字，我不禁流下眼淚，彷彿是我媽媽看著初為人母的我，只顧著餵孩子吃飯時和我說的話：「不要光是照顧小孩，也要顧好妳自己。」

有多少人要在為人父母之後，才能體會父母給的愛既無條件又無限期！只要爸媽在，我們永遠都是他們心愛的寶貝。

當小孩還處在成長階段，因為外面的世界才是他們的天地，真的無心顧及父母的心情，我們只須協助他們釐清內在想法和能力，以及可以跟外面的世界做怎樣的連結等，藉此發展其天賦或特質即可。

面對孩子有時候要拉，有時候要推。如果需要幫忙，記得要拉他們一把，當孩子推開我們時，就給他們一些時間和空間去探索與實踐。

祝福天下每一對親子都能在愛中看見與珍惜彼此。

前言
青春女兒槓上更年媽媽

有句玩笑話說：「青春期對上更年期，誰輸誰贏？」不過，這兩者打從一開始就不是什麼彼此爭鬥的關係，所以誰輸誰贏都沒好處。這場可恥的戰爭可以向誰宣揚？又會獲得誰的喝采？

「妳是父母愛的結晶，他們這十個月以來，只祈禱妳是一個健康的孩子。妳的母親戰勝產後憂鬱症，當時她後背上背著哭鬧的妳，只能趴在沙發上睡覺。就算妳口水流得到處都是，妳的父親依然覺得很可愛，他連妳的大便都覺得是香的。如今妳讓爸媽看妳的臉色做事，讓他們在深夜偷偷落淚，真是太棒了，恭喜妳在這場戰爭中獲勝。」

「妳終於壓制住青少年子女，真是恭喜！但妳想過我這個像外星人的孩子，很快就會變回正常人嗎？我已經體會過妳怪異的個性，我們永遠無法成為像朋友一樣的關係，以後也要看妳的臉色過日子，估計得花很長的時間才能有一場真摯的對話。」

青春期女兒和更年期媽媽對立，終究只會帶來以上這些令人鬱悶的結果。所以說，為什麼會發生衝突？因為在孩子經歷青春期，媽媽也剛好進入更年期，兩者的時間相互重疊，才會引爆戰爭。

青春期是人生第一個劇變期，更年期則是步入中年的第一個劇變期，許多家庭都曾發生彼此對立的狀況。**處於此階段的子女，無法理解父母像老頭般的言談和行為；處於更年期的父母，難以接受子女不端莊的樣子和粗魯的談吐。**

雙方沒有空去爭執兩者的重要性，而是較量誰的症狀更嚴重，彼此互相壓制。

青春期跟更年期究竟是什麼？青春期是肉體和精神轉大人的時期，性激素分泌增加，隨著第二性徵的出現，孩子會對異性感興趣、春心蕩漾，普遍落於十五歲至二十歲左右。

另外，女性隨著年齡增加，卵巢開始老化、功能衰退，不再排卵時，便會停止分泌女性荷爾蒙，這就是所謂的停經。如果月經一年都沒有來，就會被診斷為停經。這種變化通常發生於四十多歲，一直到停經後大概一年，稱之為圍停經期（perimenopause），但我們更常叫做更年期，平均時長是四年到七年左右。

這兩者都會因為荷爾蒙，造成身體和情緒方面突然發生變化，而且每一個人發生的時期和症狀都不太一樣。有些人可能根本不會意識到它的到來，而有些人則明顯到連周圍的人都不得不發現。

子女的青春期和父母的更年期，看起來雖然像是一場對決，但實際上是兩種症狀所引起的衝突，並不是因為互相討厭所導致。

問題在於，這兩個時期的症狀在某些層面上很相似，例如：**情緒起伏大、對所有事情都很敏感、憂鬱且焦慮等**。家中只要有一個人展現出這些症狀，整個家庭的氛圍就會變得很混亂，如果媽媽、子女或是爸爸也加入戰局，可說是亂上添亂。

例如，更年期父母對子女關房門的聲音很敏感，甚至還有人直接把房門拆掉，就只因不想聽到關門聲。

「妳以為我想叫妳讀書嗎？我說這些都是為妳好。不就唸了妳一下，有必要那樣關門嗎？」

沒有爸媽喜歡對子女嘮叨，話雖如此，但看到他們躲著自己、無精打采的樣子時，就會責怪自己是不是太多嘴，並對此後悔不已。然而，看到子女做出不負責任或不理性的行為，又會再度失去理智。

而青少年小孩也對大人們的嘆息聲感到敏感，感覺好像所有事情都是自己的錯，每天如坐針氈。

「沒有小孩喜歡看到父母生氣，為了成為爸媽心目中的子女，如此努力著，但他們卻不懂我在想什麼，毫不在意我的幸福，他們好像只想要一個會讀書的小孩，真是冷漠無情。」

結果不管是更年期父母或是青春期子女，紛紛做出或說出違心的行為與話語。在這個過程中，雙方的心靈都會受到各種傷害。

所有人都知道什麼是青春期和更年期，也知道有成千上萬種緩解症狀的方法。雖說了解對方為什麼這麼鬧騰總比什麼都不懂好，不過就算知道又如何，解決方法不是太過理論與抽象，就是非常難實踐。

「如果知道原因，就可以馬上找出解決的方法」這種說法通常會接著說：「我們必須克服這段混亂的時期，才能不傷害彼此，並成為感情堅實的父母與兒女。」但知道原因後，真的就能找到如何有智慧度過青春期和更年期的方法嗎？

我最討厭聽到的詞語就是「好好的」，意指適當、沒有不足也不過度，是最恰當的狀態。說起來簡單，但這世界上應該沒有任何一句話可以比「好好的做好就行」，還要更不負責任、更不帶感情。

基於這個意義，我能大膽的說，我們有更好的方法可以克服青春期和更年期，而且還非常簡單。

盡量忍耐、互相肯定；吵架要嚴肅，不可以向對方說狠話、爆粗口；

做錯事要儘快道歉；稱讚過程而非要求成績；給予兒女足夠的零用錢；偶爾還要面對面坐下來，坦承自己的想法。

當你這麼做時，也許會嚇一大跳，原來解決更年期父母與青少年子女日常紛爭的方法，竟然如此普通。

沒有錯，這件事沒有什麼其他方法可行。過去的我，知道孩子的青春期將至，也知道我們夫妻倆很快迎來更年期，我研究過，也做了準備，而且我還是一位負責照顧孩童的幼教師。

但當孩子成為青少年時，我們依然驚慌失措，輪番拋接手中那顆會炸傷彼此心靈的小炸彈。當這顆炸彈在心裡爆炸時，我們揪著心、流著淚，持續了好長一段時間。

經歷過這段痛苦的時光後，就像現在年輕人所說的「重視過程，不重結果」，我們一邊回想，一邊像是在清理颱風過境的痕跡一般，整頓自己的心情。

不知道是不是我內心真的變得很堅強，現在的我，可以不流一滴眼淚的講述我和女兒曾發生過的那些事。我想告訴大家的是，**當青春期的孩子遇上更年期的爸媽，日常上會發生什麼樣的摩擦、彼此之間會如何互相傷害，以及該如何克服這個過程。**

如果你們已經結束這段艱辛又漫長的長途旅行，現在可以放鬆躺在沙發上，讀著我的自白時，你們會笑著說：「我們當年也是如此。」但假如你們正走在青春期與更年期的暴風雨之中，你將會感嘆這本書就是你的寫照，並潸然淚下讀完我那段時期所發生的故事。

第 1 章

青春期來了，我的孩子不見了

不論是爸爸還是媽媽，都把期望放在我身上，我的內心雖不想這麼做，卻總與他們漸行漸遠⋯⋯。

01 現在都幾點了，妳還不睡？

我想要立刻把女兒踢出戶籍。如果這件事能輕鬆做到，我大概那天凌晨就直接這麼做了。

我望向女兒的房間，裡頭一點聲響都沒有，這份寧靜加劇了我的悲傷，我放聲大哭，兩肩止不住聳動。如果我的哭聲能讓孩子出來向我道歉，我的生氣、難過會少一點嗎？其實，在和女兒談話的一個小時裡，又哭又鬧的人是我，而不是她。

女兒惹毛我的原因，不是因為她在打電動，而是她半夜兩點還不上床睡覺。我們曾經約法三章，非考試期間十二點就要入睡，最晚不能超過十二點半，但這份約定早已在孩子的記憶中模糊。

反之，我每天一到這個時間點，就會開始擔心她是否預備上床睡覺。若是她補習班下課太晚回來，我甚至會為了節省十分鐘的時間，幫忙備好睡衣放在浴室門口，並把吹風機夾在身側，等著她洗完澡。

女兒進去浴室已經三十分鐘，裡面發出與深夜完全不協調的日文歌和水聲，偶爾還能聽到她的哼唱聲。我很好奇，她真的知道自己唱的歌詞內容是什麼嗎？等到她一走出浴室，我便幫她穿上睡衣、吹乾頭髮，接著催促毫無睡意的她快點睡覺。

等到女兒一躺上床，我便會關燈離去，好像完成今天所有的事一般，這才安心入睡。

讀到這裡，大家可能會覺得我像是一個有點病態，對子女十分執著的母親，從某方面來說，確實是這樣沒錯。我對於孩子的睡眠非常執著，必須看到他們入睡，自己才能夠睡好覺。

當我看到她裝睡，然後凌晨兩、三點起床偷打電動；當我聽說她在課堂上睡覺……我開始更想讓女兒早早入睡。

回想我是什麼時候開始這樣的，這要追溯到好久之前，約莫在女兒剛出生滿三個月的時候。女兒小時候睡前總會大肆哭鬧，我必須背著她在沙發上側睡才行，而且她半夜會醒來很多次，以至於我總是睡眠不足——也許我對她睡覺的執念就源自於那時，要等女兒睡了之後，我才能夠休息。

「睡著是天使，醒著是惡魔」這句話說得太對了。或許因為我是新手媽媽，要等到孩子完全睡著之後，我才可以開始做家事、洗頭髮和吃飯。女兒醒著時，我必須專注在她身上，餵奶、餵副食品、換尿布、背著、抱著，我的視線一刻都無法離開。

難道我是從那時起，開始對孩子的睡眠感到神經緊繃的嗎？

但這一天的我之所以會哭，不是因為女兒欺騙我、打電動到凌晨，也不是因為她太晚睡，而是我問她問題絲毫沒有得到回應，她就只是一直瞪著我看。

「妳怎麼到現在還沒睡？偷偷打電動好玩嗎？妳已經高二了，其他孩子這個時間都在讀書，妳卻想玩電玩？再說了，我有要求妳看書嗎？我只是要求妳睡眠一定要充足而已啊！妳不也知道，睡眠不足去學校上課一定會打瞌睡。妳不想讀書了嗎？那妳幹麼還要去補習？妳玩遊戲就好啦！把補習費省下來，等到妳以後長大獨立，我還能幫妳存出一筆鉅款！妳這樣偷偷躲起來打電動，就別再提什麼妳想讀書了。」

說完這些話後，我的情緒一湧而上，忍住的淚水終於爆發。不久前看到我哭還會跟著哭的女兒，那天完全沒有被動搖，只是直愣愣的盯著又哭又鬧的我。

那瞬間，我的心都涼了。孩子不聽我的話，我這麼做簡直毫無意義。

「妳有想說的嗎？妳真的要停掉補習班待在家嗎？」

「沒有。」

「沒有？那妳想怎麼樣？像現在這樣，媽媽出去工作賺妳的學費，然後妳偷偷背著我打電動，是嗎？」

「……。」

「算了，妳無話可說，我卻哭得像個瘋子一樣，去睡覺吧。」

「……。」

關上房門後，我感受到這段時間以來從未有過的情緒。我無法用言語形容，但我既心痛又心碎，感覺內心深處被放了一把火，同時擔心孩子是否會對我關上心房，以及我的努力好像都化為烏有。

明明是女兒做錯事，但在罵完她之後，反倒像是我做錯事，心裡非常沉重。事實上，我想聽的只有一句話：「我做錯了，以後不會再犯了。」說出這句話，真有這麼難嗎？

面對女兒冷漠無情、不願認錯的態度，坐在沙發上流淚的我，突然一個轉念：「妳為什麼那麼安靜？我撕心裂肺的吵鬧，我寧願妳大喊一聲『不要管我』，或是盡情大哭一場，但妳為什麼不發一語，只是忍耐？」

這時，我才對女兒的沉默有了新的體會。我開始想，自己是不是太過逼迫她，甚至比她犯的錯還嚴重？不管是誰，被這樣緊迫盯人，當事人應該都會啞口無言。女兒受傷時，我不是一個像朋友一樣的媽媽，而是充滿殺氣的惡棍，她看到我激動得像個瘋子，該有多失望啊！

我左思右想，用慣性的自我折磨度過凌晨時分。

❀ ❀ ❀

幾天的時間裡，我們都沒有試著去解開對方的心結，女兒用她的方式躲著我，我也用我的方式躲著她。事發後的第三個晚上吃飯時，女兒若無其事的跟我搭話。

「媽媽，前幾天對不起。那天我真的睡不著，所以才想打開電腦玩遊戲，結果妳正好進來，我也嚇一大跳。妳說了很多話，但我無法為自己辯解，只能閉嘴。我看到妳在客廳哭得很傷心，我心情也不太好。」

女兒在出乎意料的時間點向我道歉，我的心情瞬間澎湃起來。

「不需要抱歉啦，凌晨打電動也不是不行。我心裡雖然這麼想，但一看到妳在那邊玩遊戲，還是忍不住發火。對不起，在深夜裡大喊大叫。這段時間以來，我太過要求妳準時上床睡覺了吧？現在妳想幾點睡都可以，我都不會在意。」

話雖如此，但我內心的傷口尚未完全癒合，也還來不及想清楚這是怎麼回事，眼淚便潸然落下，滴在了餐桌上。

「那妳怎麼還哭？」

「……。」

這次輪到我語塞。

如果我可以溫柔的跟女兒說：「我們好好相處吧！」然後為這次的談話劃下句點，那該有多好啊！不過現實裡才沒有這種童話般的情節。雖然我們含淚和解，不過自從那次事件後，女兒玩遊戲的時間比讀書更長，而我也還是一直要求她早點睡。

02 氣不過，只好丟鞋子洩憤

換工作一陣子後，某天，與我關係很好的前同事打電話給我。我們先是彼此問候，接著聊了好長一會兒的天。最後，前同事問我：「妳最近應該沒有再朝大門丟鞋子了吧？」語畢，我們兩個人同時發笑。這樣看來，我確實很久沒有做這種奇怪的行為。

自從女兒上國中、進入青春期後，我每天早上都為了討好她而滿頭大汗。不過，我也會有壓力值到達極限的時候，這時就連我自己也很難控制好情緒，為了抒發壓力，我會朝大門丟鞋子。

我會盯著女兒剛剛用力關上的大門，或是等到老公去上班、孩子去上學之後，撿起鞋子扔過去。不論是球鞋、高跟鞋、拖鞋……隨手拿起什麼就丟什麼，如果還是不能解氣，我就會丟得更用力。

無辜的鞋子就這樣慘遭我的毒手，而我正是以這種方式來排解內心早已沸騰的壓力。

不管扔多少次，鞋子總是毫髮無傷，然後我會再把四散的鞋子重新整理好，如此一來，誰都看不出這個早晨我曾像個瘋子一樣，朝著大門丟鞋子，沒有比這個更棒的紓壓方式了。

整理散落一地的鞋子，可以緩解我既生氣又委屈、哀怨的情緒，跟鞋子展開殊死戰的我，看起來好蠢、好可憐。我當下的心情，就像連續劇裡為了討好脾氣暴戾的會長，而變得很淒慘的祕書。只不過我跟祕書的不同之處在於，我迎合的是青春期女兒。

我想大家應該很好奇，究竟女兒說了什麼話、做了什麼事，才會讓我如此難受？以及女兒究竟出了什麼問題，為何我每天早上都要討好她？

我確實是因為孩子而壓力山大，但奇怪的是，當我在跟別人講這些事情時，我都會說女兒很好。

她每天早上被叫醒後，都會有起床氣，而且動作很慢，光是看她這個樣子，我就覺得她一定會遲到。但我認為，就算遲到也沒關係，所以我並不介意，而實際上，她也從來沒有遲到過。

女兒會因為我幫她準備上學這件事發脾氣。這其實是我的問題，到底為什麼要幫已經上國中的小孩準備上學？

事情過去幾年，我已經想不起來當時為何會這麼累。很多人跟我說，女兒的行為沒有錯，問題出在我對她的所作所為。

由於媽媽好意幫孩子，所以才會產生後續這些問題。女兒並沒有開口要我協助，但出手幫忙的我卻覺得她不知感恩，還自顧自的認為自己承受著壓力，反倒是女兒才應該因為我的行為備感痛苦。

如果可以，把女兒叫醒後，就讓她自己來，她或許就會自行分配早晨時光。我身邊比我年長的人都有過類似經驗，給出的建議也如出一轍：「不要盯著正在準備上學的孩子，把這段時間拿去做家事。看著小孩，就會想干涉他們的行為，也會覺得還不如我來幫忙。」

這類意見太過輕描淡寫，每當我聽到時，都只能乾笑。不過，好在問題不在女兒身上，只要我努力，明天又可以迎來和平的早晨。讓女兒按照她的速度做好上學準備，我只要做我該做的事就好，這樣我應該能做到。

然而我家並不大，我必須待在房間裡，才不會看見正在準備上學的女兒，但我做不到。

所以當女兒從補習班回來、正在吃零食時，我坐到她的面前。她在看手機的同時，發現媽媽跟平常不一樣，正在對自己察言觀色。於是她把眼神從手機上移開，並看著我。

「怎麼了？妳有什麼話想說嗎？」

「從明天起，我只會幫妳準備制服，然後我就會去忙我的事。」

「我知道了。」

「我只會叫妳兩次，妳要準備好，別錯過校車，出門時記得稍微整理一下房間。」

「我知道了。」

「喔。」

女兒簡短的回答，讓我措手不及。我原本以為說這些話，她可能會發脾氣，但她竟然就這樣乖巧的答應了。

我那時才明白，那段時間我承擔著女兒的脾氣，早上為她準備上學，其實都只是在自討苦吃，還會剝奪對方獨立自主的機會。

當我無法克制自己的時候，
我會撿起你的鞋子，
背起你的包包，
幫你繳紅單，
替你向上司找藉口，
為你寫功課，
清理你前方的石頭……

這是我自己想做的，

但我卻從你身上剝奪了說出這句話的喜悅。

上述是安傑林．米勒（Miller Angelyn）三十年前的暢銷著作《我以為我是一個好媽媽》[1]（*The Enabler：When Helping Hurts the Ones You Love*）裡出現的一段話，[1]（全書標記[]，為參考文獻的對照記號）這也是一本為全天下父母所寫的心靈散文兼療癒雞湯。

當我看到這篇文章時，瞬間愣住了。沒錯，我就是這樣，自以為是個好媽媽，為了小孩好，提前把他們該做的事做完。

安傑林．米勒又說，以子女、父母、朋友、家人的愛為名，幫助、照顧，且為對方犧牲，這種愛將會伴隨黑暗與悲傷，錯誤的愛反而會使你愛的人陷入危險之中。

我沒有意識到，對於一個已經獨立的孩子而言，我的協助會剝奪她的喜悅，也許是因為只要能為她做點什麼，我就可以從中獲得安慰的緣故。

我就像是那本書的副書名所述，口口聲聲說愛小孩，事實上是在毀掉她的傻瓜。

青春期女兒讓我內心飽受煎熬，當時我每天都得把眼淚往肚裡吞，真的非常厭惡她。女兒去上學後，我一邊打掃她的房間，一邊獨自抱怨；整理她隨意脫下的衣服時，我也在抱怨；清理她亂七八糟的書桌時，我依然在抱怨。

但我為女兒做的所有事情，其實根本都不是她所希望的，我應該讓她自己打掃房間、整理衣服、收拾書桌，不過我卻在她動手之前，幫她做完全部，然後又自顧自的發牢騷說，我討厭我的孩子。

我也會懶得打掃、洗衣服、洗碗，對於當下應該做的事情拖拖拉拉，但我卻沒能好好思考，自己為什麼不能容忍女兒做出一樣的行為。問題不在孩子身上，而是身為媽媽的我操之過急、不夠慎重。

1 編按：目前臺灣尚未出版該書，中文書名為暫譯。

我誤以為我所有的一舉一動，都是為了子女好。

知道真相之後，我終於不再丟鞋子，也不再過度出手干預。我認為，光憑這些，我就已經是一個有所長進的媽媽。多虧青春期女兒，身為媽媽的我，也正在一點一滴成長為一位真正的母親。

03 既然出生了，那就順便活著

「既然出生了，那就順便活著。」第一次聽到這句話，是出自韓國綜藝節目《我獨自生活》的表演者旗安84[2]。節目組在旗安84旁邊打上了「既然出生了，就順便活著的男人」的字幕，我不確定這話是不是真的出自他口，但這對我來說既新鮮又衝擊。

旗安84呆呆的語氣和單純的生活，讓他圈粉無數。我也很喜歡他，

2 編按：本名金希民。筆名旗安84中的「旗安」，取自當初認真並立志當漫畫家時居住的華城市旗安洞，「84」則是取自出生年分一九八四年。

特別是他不著邊際，卻又對每件事很用心的樣子。他是一個認真生活的人，雖然他是人氣網漫作家，但十分謙遜。除了展現陽光的一面以外，也會毫不掩飾的展露出孤單寂寞的樣貌，所以我很喜歡他。

我覺得用「既然出生了，就順便活著的男人」來形容他，非常貼切。不久之後，當我在跟孩子聊天時，才領悟到蘊含在其中的真理。

女兒處於青春期顛峰時，她變得非常不安。學校定期進行的心理健康檢測結果，也顯示出她的焦慮指數非常高。我以為這只是一個形式上的檢查，孩子應該也不會太認真做，所以並沒有太當一回事。

不過，跟女兒個性相似的老公，盯著心理檢測結果看了許久，一臉擔心的說：「她的焦慮指數太高了，要不要讓她接受心理治療？」

我回答：「這個年紀的孩子都是這樣啊！光是上學就已經很累了，讀書也累，經營人際關係更累。再說，你叫她去接受心理諮商，肯定得不到什麼好的回應。」話雖如此，也許是因為跟老公的這番談話，我開始更加留意女兒的神情，也很在意她說話的方式或行為等有無異常。

接著，我假裝若無其事問女兒，要不要試著去諮商，沒想到她卻乖乖的答應。老實說，我以為她會很生氣的質問我：「為什麼要去心理諮商？我沒事啊！」然而，她卻欣然答應，我心裡反而鬆了一口氣。

我上瑜伽課的地方正好有一間諮商所。那裡的諮商師是諮商心理學博士，他說，想跟女兒單獨進行一次深層對話，所以請我先行回家。返家路上，我腦海中閃過千思萬緒，女兒會說什麼？她有什麼煩惱？說出來可以減少她的焦慮感嗎？

一小時過後，女兒回來了，她的表情沒什麼太大的變化。我問她諮詢過程還好嗎？她只說：「就這樣。」雖然我還有很多事想問，不過面對她簡短的回答，我還是閉上了嘴。

她開始進行每週為期一次的諮詢，我每次都很好奇女兒及諮商師究竟會說些什麼，但我還是耐心等了一個月，因為我想諮商師可能也需要一點時間了解孩子的狀況。

之後我終於和諮商師見面，不過不知為何感覺有些尷尬和不安。

「媽媽，妳是因為小孩焦慮指數高，所以才帶她來諮商的嗎？妳為什麼會想這麼做？」

面對這個問題，我向諮商師坦白至今為止所有過錯，我告訴他：「我在想是不是由於我的關係，才讓女兒變得很不安。」諮商師沒說話，只是點了點頭，並露出一個微笑表示他明白了。

「這個時期的孩子，焦慮指數大都非常高，試圖隱瞞自己的不安、裝沒事，並不是一件好事。置之不理的話，他們的內心可能會產生另一個自我。另外，我還想知道你們家裡的氛圍怎麼樣？」

當我聽到諮商師的問題，內心瞬間崩潰，我熱淚盈眶，一度哽咽。

「說到這個，我跟我老公都一心為小孩著想，但我們還是會在不知不覺間，說出或做出傷害性的言語和行為。雖然說，我能為女兒赴湯蹈火在所不惜，不過在日常裡，我卻會因一點小事唸她，導致她畏縮退卻。」

我的眼淚一滴滴的落下，放在膝蓋上的布包也被染上淚痕。諮商師不發一語，遞上一張衛生紙給我，而我放聲大哭了好一陣子。

諮商師說，通常跟子女聊天後都會發現，大部分父母反而更急需被諮詢，也就是說，**孩子的問題大都來自於爸媽**。雖然先天因素也會導致小孩子的焦慮指數變高，但家庭環境和雙親性格所帶來的影響更大。

跟諮商師聊完天後，我在返家的路上也不停落淚，回到家後，我又難過了半晌。在養育小孩的過程中，我最常感受到的情緒就是抱歉。我感覺這段時間女兒帶給我的痛苦，渺小如一粒塵埃，且像氦氣一樣煙消雲散。因為孩子感到疲乏的內心，如同洩了氣的氣球一般，癱軟無力。

我不知道自己做錯了什麼，但我仍不斷反省那些造成女兒心累的大小事情。

老公下班後，我又抓著他哭了好一會兒。我把諮商師跟我說的所有話告訴他，我們夫妻倆低著頭，好像犯了罪似的。雖然我們已經很努力扮演好父母的角色，但從現在開始，得再更努力才行。

女兒接受了五個月左右的諮詢，我問她還要不要繼續下去，但女兒說不用，她已經從中獲得不少安慰。她還說，大多數時間都是她在說話，諮商師只是安靜聆聽著，不過只要有人聽她說話，就很高興了。

爸媽都自以為隨時準備好要聽兒女講話，我也一樣，覺得當女兒述說自己的傷心事、朋友的壞話，抑或是她對成績的煩惱時，都可以予以傾聽。但等到孩子真正說出口時，大人卻只聽到那些粗魯的用字和髒話，完全聽不進重要的內容，只顧著嘮叨。

雖然她跟諮商師說話時應該會比較禮貌，畢竟小孩也懂得見風轉舵，不過並不是因為不尊重父母才故意說粗話，而是因為放鬆，才會像是在和朋友說話一樣脫口而出。

各位也許會想問，妳明知道這些，為何還是跟青春期女兒處不來？其實，我也很想知道為什麼。我看過這麼多書、聽過這麼多講座，為什麼在跟青少年子女相處時，還是這麼費勁？我也不知道，明明對理論如此瞭若指掌，實踐卻這麼困難？

當我聽到女兒說出「既然出生了，那就順便活著」這句話時，我左思右想了好幾日，從她的口中聽到，跟我在電視上看到，兩者感覺完全不同，我的內心幾乎快要崩潰。

從焦慮和憂鬱指數都很高的女兒口中吐露出來，也難怪我沒辦法像看電視時那樣一笑置之。那句話在我腦海裡盤旋好幾天，我一直在思考這話語究竟是積極還是消極，但我依然沒有想明白。

這種時候最好的方式就是單刀直入的向女兒提問。

「媽媽聽妳講完那句話後，想了很久。妳說，既然出生了，就順便活著，究竟是好還是壞，我想不通。」

「出生這件事不是由我決定，但至少我能照著自己的方式過活。意思就是既然已經出生了，不管是好是壞，就活著吧！」

聽完女兒這番話後，我才終於笑逐顏開。也就是說，不管事情如何發展，都要擁有努力活下去的意志。

這麼一想，不僅是旗安84，所有人都是如此。今天的我也在心裡吶喊——既然都出生了，那就好好活著。

04 媽媽，妳為什麼要生下我？

「媽媽，妳為什麼要生下我？而且還沒問我意見。」女兒叛逆期達到高峰的某天晚上，她讀書讀到一半時，突然對坐在沙發上看書的我發問。女兒並不是想吵架，她真摯的眼神也和平時不一樣。

「妳說什麼？」我還在思考這是什麼荒誕的問題。

「妳沒有問我意見啊！也沒問我想不想來到這個世界。」

我選擇愚問愚答：「妳又在看什麼了？突然問這麼荒唐的問題。我為什麼沒先問妳？那時的我無法問妳想不想，也沒辦法取得妳的同意吧？」

「所以說，爸爸跟媽媽就是在未經我的允許之下，讓我出生在這個世界上，對吧？」

「妳說的這是什麼話？」

「我就是好奇才問的嘛！」

「這算哪門子問題？妳那時候只是一個細胞，我還沒有聽過有哪位科學家可以取得細胞的同意。我又怎麼可能向妳徵求意見？」

看著我的反應，女兒可能覺得沒辦法再聊下去，便噘著嘴默默回到房裡。我感覺她好像是故意挑戰我的底線，所以才問這種怪問題，但又得不到想要的答案，只能獨自生悶氣。

我雖然認為這個荒唐的提問和回答早已是過去式，不過又覺得沒能好好回答女兒的問題，心裡有些過意不去。

❀ ❀ ❀

此時，一則新聞吸引我的目光，內容是某位印度男子企圖以父母生下自己為由，作為起訴條件。以下是新聞部分節錄內文：

塞繆爾從五歲起就有這種想法，而他的爸媽也很認真看待他所提出的問題——為什麼要生下我？據說，撇除起訴一事，塞繆爾其實跟父母的關係很好。他的母親卡維塔還愉快的表示：「我兒子竟然想把身為律師的我們送上法庭，我真是太佩服他的魯莽了。如果他可以給出一個合理的解釋，說明我們要如何尋求他是否同意被生下，那我就承認我的錯誤。」[2]

這名男子的爸媽都是律師。他認為，活著很痛苦，所以要求雙親必須終生負擔他的生活費，不曉得他最後有沒有給出一個合理的解釋，告訴父母要如何徵求他的同意。

我把這則新聞傳給女兒，並告訴她，印度也有個像她一樣讓爸媽傷心的男子。

但這個回答，仍遠遠無法解決在我聽到女兒的問題後，心裡所產生的鬱悶、委屈和背叛。我向身邊的人尋求協助，卻依然沒有找到可以解釋這個問題，並且無法被反駁的答案。於是，我又獨自傷懷了好幾天。

某天，我做了一個夢。當時我還在苦惱該如何回應女兒的疑問，所以夢境總是非常混亂。不過，那天的夢卻不同，夢裡的我是數億精子裡的其中一隻，當我衝向卵子時，我突然釐清事實：「啊！我為何……？」

接著，我醒來了。漆黑的凌晨，我坐在床上眨著眼，我找到可以回覆女兒的驚世回答，也瞬間明白當年阿基米德大喊「尤里卡！」[3]時的心情。

我找上剛起床的女兒，告訴她我已經找到提問的解答，結果她卻反問我什麼問題？

「妳不是問我，為什麼我沒有經過同意就生下妳嗎？媽媽我已經找到這個提問的答案了。」我非常興奮，抓著連眼睛都還睜不開的女兒，告訴她這個好消息。

「啊～那個問題喔。但我要去上學了，妳晚上再跟我說。」

「蛤！可是，我現在就想立刻告訴妳。」

女兒露出漠不關心的表情，而後出發去學校上課。一想到我還真是什麼奇怪的夢都做，不禁噗哧一笑。晚上女兒放學回來，我為她準備好晚餐後，便坐在她的對面。

「妳問我那個問題時，剛開始我很不知所措，後來又覺得很難過。但我不覺得妳的疑問很奇怪，事實上，我小時候也曾問過妳外婆好幾次。」

「真假？那外婆怎麼說？」

「其實我只有在心裡問，從沒有真正說出口。」

「啊～我還以為妳真的問過。」

「我想了幾天幾夜，才終於找到答案。我不需要徵求妳的同意啊，妳不是拿下第一名嗎？現在跑都跑不動的妳，當時可是為了來找我，打敗其他數億隻精子，並突破重圍取得第一名！」

3 編按：詞義為「我發現了」或「我找到了」，是一個源自希臘用以表達發現某件事物、真相時的感嘆詞。

接著，女兒一副思緒萬千的樣子，安靜吃著飯。

後來，她再也沒有問過這個問題。事後一問，她才說我那一席話太過直接了當，而且絲毫不帶任何責任，以至於她無法反駁。她說，自己一下子就聽懂我的意思，也覺得有認真在上生物課還是很值得的。

沒有人知道我們為什麼來到這個世界，但我們都突破了那接近不可能的機率，彙集全宇宙的力量，拿下第一名。

所以，我們就這樣來到這個世界，孩子也這樣來到父母的身邊。

05 我終於聽懂妳的「外星語」

「兩人生下既像爸爸又像媽媽的漂亮孩子，過著幸福快樂的生活。」這種夢幻結局不存在於現實中，就算是王子和公主，維繫婚姻生活也絕不容易。

雖然這段話聽起來像詛咒，但事實就是如此。尤其是生兒育女這件事，一旦開始就沒有終點，沒有盡頭的童話故事，便不是童話故事。

童話裡，漂亮公主因育兒而面容憔悴，還有被孩子的玩具弄得亂七八糟的王宮……這些想像不知為何鑽進我的腦海。即使只是故事，養育兒女也絕非易事。

這時，我都會很想聽韓國歌手張基河的〈我不羨慕〉。只要想到累的不只有我一個，雖然心裡頭還是多少有些苦澀，但至少能得到一絲安慰。

育兒過程中，當我不確定這麼做是否正確時，我都會求助身邊的人，也會找專業育兒書來看。逛書店時，正中間的書架上，始終擺滿自我成長類的書籍。看著那些書名，就感覺自己好像能擁有全世界的能力。

只要讀完一本書，便可以用少少的錢買進房地產，然後大舉獲利成為富翁，抑或是逢低買進、逢高賣出，瞬間成為股市專家。

原本看到外國人會避開眼神交流，或是被外國人用「excuse me.」搭訕時，會說「I can't speak English very well.」，直接承認自己英文能力不好，而在讀完書後，便能成為英語達人。

有一些書認為，大家一直以來都沒能掌握正確的學習方式，所以才會學不好英文，所以這些書賦予讀者信心，並告訴他們：「我做到了，你一定也可以！」

另外，還有一些學習類書籍廣告說，我突破巨大的重圍才得以成功，但你並不會遇到跟我一樣艱難的逆境和阻礙，因此你只要再努力一點，就能辦得到。

「你也可以成為育兒專家」的書名欺騙了我，讓我買入各式各樣的書籍。這些書雖然名稱不同，但內容根本如出一轍。

「孩子沒有錯，是無知父母用錯誤的方法把他們帶大。只要有愛，子女就會敞開心房，不管他們做了什麼，都要一再忍耐，如此一來，他們一定會展現出好的一面。」

此外，還有一些書把努力過程全部省略，隨意收錄一些孩子考進好大學、功成名就的故事。這種書不僅會讓人感到不快，還會令人覺得憤怒，大可以明擺著說自己就是想炫耀，我不能理解的是，他們怎麼能確定其他家庭的情況也一樣？

每當我厭倦千篇一律的育兒書，感到心累時，我就會去書店或圖書館找書，尋找如何才能了解孩子的內心，以及想要和平、有智慧的度過青春期的辦法。

想要好好度過這時期，排行第一的方法當然是「與孩子溝通」。我也想和女兒對話，不過面對突如其來的髒話及聽不懂的流行語，簡直比在路上遇到外國人還更令人困惑。

儘管如此，我依然嘗試和青少年子女交流。因此，我抱持著學外語的心情，下定決心要學習當代年輕人常用的流行語。

其中，讓人最不爽又最新穎的是「嗯～你的臉」，這句話有點類似「啊不就好棒棒！」或是「管好你自己就好」的意思。

假如我問女兒：「妳怎麼這麼不愛打掃房間？」她就會回我：「嗯～妳的臉。」起初，我不了解這是褒還是貶，只能疑惑的歪著頭轉身離開，但總感覺自己好像被羞辱。

我第一次聽到「God 生」，是女兒提到補習班理化老師的時候。

「我們理化老師完全是 God 生啊！」女兒的理化老師是五十多歲的大企業高層，由於他很喜歡理化又很愛教書，所以週末都會在補習班兼課。

女兒說，老師很親切且教學認真，所以她上課時間都很專心聽講。她還說，老師教得很用心，希望自己考試也能考得不錯。

不過，她希望自己考得好，竟是為了這位「God生」老師，而不是為了辛辛苦苦賺錢幫她繳補習費的爸媽，我聽到這句話的瞬間想說：「蛤？什麼？」心裡頭有些不是滋味。但不管原因為何，我還是很感謝那位可以讓孩子想用功讀書的補習班老師。

然而，在我聽到這位老師的每日行程安排後，覺得既操勞又疲憊。女兒竟然會說這樣的人生是「God生」，真不知道應該以負面還是正向的態度來看待這兩個字。

所謂God生，指的是針對目標建立一套流程並付諸實踐的生活方式。我第一次聽到這個詞時，還懷疑這是反諷，果然我所理解的和MZ世代[4]落差非常大。

MZ世代覺得每天行程滿檔的人很有事，卻又很尊敬他們。不過我每

4 編按：指的是橫跨「千禧世代」及「Z世代」，相當於臺灣的八年級生。

天都活在這種忙碌的日常之中，反而羨慕和嫉妒那些每天都可以過得既悠哉又從容的人。

對我而言，God 生是在精神、肉體、經濟等方面過得游刃有餘的人，且可以做自己想做的，而不是做非做不可的事。MZ世代用他們的人生歷程來解析 God 生，我也用我的人生結果來解讀，或許這就是一種世代差異。

「簡活無趣」是「簡單的活著，人生就沒有樂趣了」的縮寫。聽到這句話時，我感覺這不像是年輕人會說的話，比較像三、四十歲的阿姨、叔叔們的用語。然而，這無疑是這段時間以來我覺得最有意義的流行語，但這其中卻隱藏著反諷。事實上，這句話並不是年輕人用來加油打氣，而是藉以諷刺那些辛苦工作的人。

「晚菜推」，這又是什麼？晚上菜一堆的意思嗎？又或是晚安菜頭推推？其實晚菜推是「晚上菜單推薦」的簡稱。另外，在「今晚雞ＧＯ！」（今天晚餐炸雞ＧＯ！）的日子裡，我會毫不猶豫點孩子們想吃的炸雞來吃，媽媽們一定得秒懂這句話。

「複世舒活」是有點年代感的縮語，是指在複雜的世界上舒服的活著。用說的很簡單，但在這複雜的世界到底要怎麼樣舒服的活著？這個道理誰不懂，哪有人想痛苦的生活，只不過是在做無謂的掙扎罷了。

「恰好乾俐格」是「恰到好處、乾淨俐落、有格調」的縮寫；而「說地」則是「說出你的地址」的簡稱。

我找了幾十個流行語，了解之後才發現，年輕人的用語大都是縮語。每當我意識到、聽懂這是流行語後，大家就不再使用了，接著又會開始聽到陌生的詞彙，然後我又得再去搜尋這些詞語的意思。

就這樣過了幾個月後，我終於開始聽得懂女兒的外星語。

雖然女兒的措辭依然簡單粗暴，但我也已經比以前知道得更多，她有時還會反問我：「妳知道那個字是什麼意思嗎？」然後，我就會露出意味深長的微笑說：「嗯，我為了想聽懂妳說話，稍微研究了一下流行語。」

後來，女兒晚上回家還會主動和我提起：「媽媽，最近我們很常說這句話……。」

啊！行得通！這方法很可以！而且女兒也知道我有在努力。

跟孩子對話，並不是自顧自的說自己想說的話，而是要去了解他們的語言，並拉近彼此的距離。我今天也為了跟女兒拉近距離，學了流行語，

嗯～你的臉！

06 青春期來了，我的孩子不見了

女兒進入青春期後，跟我起衝突的最主要原因——就是她打破那些瑣碎且基本的生活習慣。凌晨不睡覺、早上起不來，還會不耐煩。即便如此，她平常還是得去學校上課，而我也會拚命承受那份不快。不過，假日時，除非她自己起床，否則我不會主動叫醒她。

不用去補習的日子，她會直接睡到下午一點，然後在客廳晃悠。就算是考試期間，她依舊坐在書桌前打電動，或者是躺在床上看漫畫，非但不打掃自己的房間，就連衣服也隨地亂丟。看她這副德性我就火冒三丈，嘴裡不由自主的懟著一堆髒話。

沒經歷過子女青春期的大人，可能會問我為什麼要為這點小事罵她，甚至還傷了彼此之間的感情。

女兒還小的時候，我也想像過類似情況。在她還沒轉大人以前，她是一個愛讀書，又很會撒嬌的小孩，當時我認為，她長大後一定是一個可以跟我進行深度對話，也能夠理解父母、內心溫暖的孩子。

但當這時期一到，這個孩子卻消失得無影無蹤，她變得愛頂撞父母，說話非常粗魯，我內心簡直是晴天霹靂，感覺天都快塌下來了。

女兒突如其來的退化行為讓我太過受傷，我每天都哭喪著臉，哭到眼淚被風吹乾，後來覺得實在不能再這樣下去，才重新打起精神。

我雖然還是會因為女兒的叛逆和無禮的行動或言語而心碎，也會為此哭泣，但我不會再哭成這樣了。既有始就有終，我相信可惡的青春期終有一天會結束，我必須努力理解小孩的想法。

想要了解青少年子女，首先是閱讀，而且是大量閱讀。截至我目前的觀察，我認為，應該盡量避免基本理論和那些有看跟沒看一樣，對青春期的描述過於籠統的書籍。

反之，得去尋找跟青少年孩子歷經過一場大戰的媽媽甘苦談，或是青少年專家、諮商師等人所執筆，對於如何聰明度過此階段，提出具體方法的圖書。

我想要和女兒交流，因此我也閱讀了如何溫暖、親切的表達的書。

我把社區圖書館裡有關青春期的書全部讀完後，甚至還跑到其他地區的圖書館去看有沒有新書可讀。找了這麼多書來閱讀，我才發現，講述這時期的書比想像中還要少。隨著時代變遷，青春期的型態也產生了變化，然而近期卻幾乎沒有出版類似書籍。

其實，我最想讀的是媽媽們實際和青少年子女你爭我奪的寫實故事，但不管我怎麼找就是找不到。

「我被青春期女兒搞得如此疲憊，但為何別人家卻沒那麼嚴重？」我甚至比開始閱讀前還更心酸。

再者，青春期相關圖書大都出自於電視上經常出現的著名育兒專家，神奇的是，他們講的話都一樣。跟青少年子女處不來，錯一定出在父母身上，因為爸媽不了解這時期的孩子，所以用錯誤的方式應對。

雖然書本內容講得都很好，不過閱讀這類圖書，反而讓我覺得一切好像都是我的不對，還會變得更加沮喪和畏縮。我的心原本就已經因女兒受傷、感到焦躁不安，讀完這種書後，再度被二次傷害。不過，除了書以外，我也沒有其他東西可依靠了。

我還把以「青春期」為主題的 YouTube 影片全都找來看過一遍，並一把鼻涕一把眼淚聽完各方專家的演講。當他們提到我跟女兒曾發生過的狀況，我都會十分揪心，當我想起他們說，孩子會因父母的行為和言語受傷，我就會暗自哭泣。

我收藏了部分的影片，覺得自己內心脆弱時，就拿出來一看再看。只要是兒童青少年精神科醫師、諮商心理師、教師、教授、牧師、僧人等，提到和青少年與青春期有關的話題時，我一定都會看完。

雖然講座的內容跟我在書上讀到的沒有什麼太大的不同，但演講還是比看書還有趣，因為講師會重現媽媽們對待青少年子女時，那神經質的表情和語氣，或是當他們代替孩子講出心聲時，我都會非常驚訝，總感覺「他們是不是來過我家啊？」既真實又寫實。

我時而發笑、時而哭泣、時而揪心、時而反省，這些講座安慰了因青春期小孩備感煎熬，卻也正在努力了解他們的我。

音樂也是如此，特別是韓國音樂團體「臉紅的思春期」演唱的〈致我的思春期〉，歌詞唱進了我的心坎裡，也唱出青少年的心事。每當我聽到這首歌時，總是會鼻頭一酸、熱淚盈眶。

不論是爸爸還是媽媽
都把期望放在我身上
我的內心雖不想這麼做
卻總與他們漸行漸遠
怎麼辦、該怎麼辦、該怎麼辦呢、該怎麼辦才好

「時間是最好的良藥」這句話
對我來說真的就是這樣
隨著日子一天天過去
會變得越來越好

上述歌詞提到：「我的內心雖然不想這麼做，卻總是與他們漸行漸遠。」小孩自己也不知該怎麼辦，急得搓手頓腳，像極了青少年的心聲。

讀書、看演講影片、聽音樂……當感性填滿我的內心後，我會感覺自己好像又更靠近女兒了一些，心中也會充滿力量。

我可以笑著對從學校回到家的女兒打招呼，就算她的反應冷淡，我也不會因此受傷。女兒穿著制服坐在椅子上滑手機，我便坐在她旁邊碎碎念。她就算擺著一副厭煩的表情，也不會叫我走開。我問她吃飯了沒、會不會熱、今天有沒有作業等，即使她的回答很敷衍也沒關係，至少她回應了我，我就不會為此感到難過，因為我對青春期孩子的態度很開放。

青少年子女並不是由外而內，突然冒出原本沒有的特質。女兒自己不知道，身為媽媽的我也不知道那是什麼，不過她體內真實的自我正在蠢蠢欲動。

青春期一到，孩子就會開始尋找和適應真實的自我，並且展開一場大戰。由於不懂自己在想什麼而感到疲憊，就像「臉紅的思春期」的歌詞，時間是良藥，他們必須相信日子一天天過去，情況就會變得越來越好。

青春期，顧名思義，就只是一個時期而已，小孩並沒有變成怪物，也沒有變成奇怪的人。他們只不過是處在毛毛蟲羽化成蝴蝶前的蛹期。如果妳的小孩正處於此階段，不要期望它快點結束，而是要給他們足夠的時間，使其在蛹裡面成長為一隻美麗的蝴蝶。

如果這段時間讓妳感到疲憊，那就試著讀書、看演講影片、聽音樂，這麼做的話，媽媽們可以更輕鬆的在這階段裡堅持下來。

07 我就在房間，為何硬要傳訊息？

我想要一個人安安靜靜的讀點書，所以去了一趟圖書館，回來之後發現女兒房裡燈火通明，而她卻不在房內。書桌上的課本和筆記本雜亂無章，空蕩蕩的軟糖包裝紙也散落在桌上。

我詢問兒子：「你姊姊跑去哪了？」他說：「我不知道，我都待在房間，不知道她出門了，她不在房間嗎？」真是的，要出門好歹也關個燈！

兩個小時過後，到了晚餐時間，我依舊沒有聽到女兒回家的聲音。於是我打開聊天軟體召喚女兒，並用她最愛的辣炒豬肉當作誘餌。

我的天啊！她明明不在房裡，我還碎念她老是不關燈，根本沒有聽到她回家的聲音，她到底躲哪去？

乖乖待在房間打電動的女兒，看著這則令人傻言的訊息，以為是在質問她。面對這無語的情況，我也只能乾笑。這時，女兒露出一臉荒唐貌的從房裡走出來。

「妳剛剛躲去哪？躲在衣櫥裡嗎？還是躲在床底下？妳明明就不在房間，我還以為妳出去了。」我因為太丟臉，像是在說唱一樣，劈里啪啦對女兒說了一大堆話。

「我在上廁所啊，妳沒聽到我沖水的聲音嗎？竟然質問一個乖乖待在房裡的人跑去哪。」

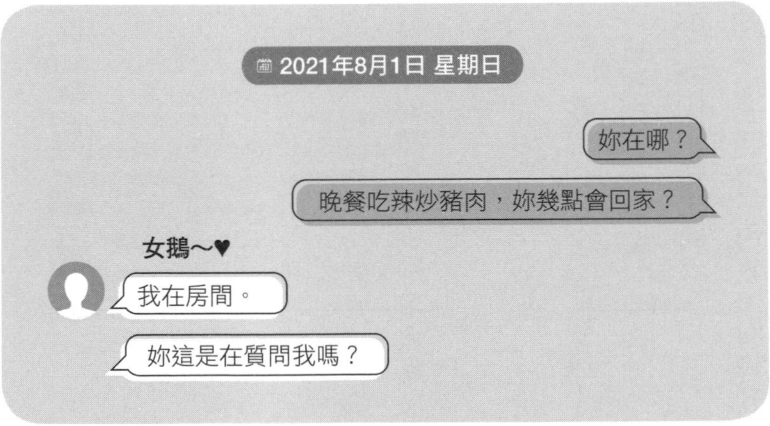
2021年8月1日 星期日
妳在哪？
晚餐吃辣炒豬肉，妳幾點會回家？
女鵝～♥
我在房間。
妳這是在質問我嗎？

「啊！我怎麼沒想到要去開廁所的門。」

「我看到訊息時，差點哭了出來。」

我想起曾經聽過的一則故事。剛下班回到家的媽媽，打電話給不在家的孩子，問他：「你去哪了？」結果小孩回答說：「我今天開學啊！」當時我聽到這個故事時，還笑著叨念「怎麼會有這麼不上心的媽媽」，結果在一間小小的房子裡，那個不知道孩子在不在家的媽媽，竟然就是我！這次，我可沒辦法一笑置之了。

「我一開始還以為妳在開玩笑，就算是玩笑我也覺得很傻眼。怎麼可能連一個人有沒有在房間裡妳都不知道？」

「對不起，妳還沒消氣嗎？媽媽我真是太荒唐了。因為妳一直待在房裡，我才不知道妳在家啊！妳怎麼沒有出來客廳？我以為妳出門了，一直很認真在聽大門的聲音，沒想到要再去妳房間看看，真抱歉。」

被當成透明人的女兒，雖然吃了辣炒豬肉，但依然在生氣，且一直嘀嘀咕咕。她以為我故意裝作沒看到待在房裡的自己，是在公然質問她，感到非常傷心。女兒生氣的樣子很可愛，我還為此笑了出來。

其實這段時間以來，發起質問的人都不是我而是她，今天這件事算是報復了她一次，不過，我當然不是故意的。所以說，大家平常不要太傷媽媽的心，不然媽媽有可能會把妳當成透明人。

雖然是無稽之談，不過真希望能藉由這次機會，讓女兒知道家人，特別是媽媽的關心有多麼珍貴。

08
為什麼回家不能滑手機？

我覺得是手機讓青少年變得更暴躁且戲劇化。女兒上國中之前，我買了手機給她，那時我還不知道她會如此沉迷，還以為手機成癮症和網路成癮症只會發生在別人家。

但後來，每當女兒從學校或補習班回來，就一直在滑手機，就連吃飯時也在滑，我甚至還跟她說過好幾次，用餐的時候不要滑手機。

我努力站在孩子的角度，了解他們為什麼和手機形影不離。不對，我是非常努力。從學校跟補習班上完課後，孩子們也需要休息，每個人休息的方法都不一樣，對他們來說，滑手機就是休息，透過手機跟朋友聊天、玩遊戲，以及看看這個世界上所發生的事。

當然，他們可能會找一些內容偏激、邏輯混亂、具刺激性的文章來看，不過這也是他們的休息方式之一，我不會多加干涉。然而如果滑了幾個小時還不去洗澡，一直穿著制服盯著手機看，我還是會不自覺說出：「妳不要太超過了喔。」在打開女兒房門之前，我都會先憤怒的敲門。

「妳知道現在幾點了嗎？」

女兒抬起頭看著時鐘。

「妳怎麼到現在還穿著制服在滑手機？」

女兒什麼話都沒說，但她會面露不耐煩的放下手機。

雖然想要多唸一句，不過我還是放棄了，因為這種事已經反覆上演過好幾遍。剛開始唸了她幾次，我心裡還暗自期待「她下次滑手機的時間應該會縮短」，但看到孩子又滑到很晚時，期待有多大，怒氣指數就有多高。

女兒剛進入青春期時，我只要看到她一直盯著手機，就會非常生氣，想要當場把她的手機丟掉。也許是看到我露出真的想丟的神情，她用盡渾身解術死守手機，看到這幕的我，還曾因此被氣到，內心崩潰到不行。

接著，我才意識到，就算把手機砸了，問題也不會解決。

沒了手機會怎麼樣？她會跟我青春期時一樣嗎？她會開始讀書，跟朋友一起去吃辣炒年糕，講父母的壞話來緩解壓力嗎？不會，絕對不可能。

手機對現在的年輕人來說，是分身、是生命。再加上，新冠肺炎使得線上教學普及，孩子們又多了另一個分身——平板電腦。所以說，就算我們把手機搶走，也不能改變任何事。

即便如此，我還是不能放任女兒一直滑手機，所以我邀請她坐下來一起協商，並規定她在晚上十二點以後不能使用手機或平板，不過，我還是抓到她偷偷玩到凌晨。

我這麼相信她，她卻選擇欺騙父母，這件事讓我怒火中燒，想到女兒的手機成癮症已經到廢寢忘食的地步，我不禁潸然淚下。但在這種時候發火，子女不僅不會承認自己的錯誤，反而還會埋怨生氣的爸媽。

因此，我盡可能的壓下心中怒火，重新與女兒商量。我要求她在晚上十二點過後把手機和平板拿出來放在客廳。事實上，我省略了在達成這個協議的過程中，我哭得一把鼻涕一把眼淚，說有多慘就有多慘。

雖然我已跟女兒約定好，到了十二點，要把手機拿出來時，她會一臉不滿的發脾氣，但偶爾又會毫不掙扎、乖乖的拿出來，然後才去洗澡。

哼，有夠心氣不順，我的心情就像是爐火上裝有滾燙沸水的鍋子。平日裡，彼此相處的時間比較短，氣一下就結束了，但週末時，女兒整天都待在自己的房裡滑手機，結果內心的鍋子一下就燒焦了。

所以，我選擇的方法是，眼不見為淨。就像被獵人追趕的鴕鳥只會把頭埋進土裡一樣，我為了不想對小孩嘮叨，會在怒火爆發前，盡量避免跟孩子接觸。

我不會單獨出門，而是拉著老公一起，我們會去吃好吃的東西，或是在社區裡散步兩到三個小時。如此一來，時間很快就會來到下午，也就可以減少和孩子碰面的時間。

我也不知道這是不是一個聰明的方法。女兒剛成為青少女時，我會帶著她一起出門兜風，但當青春期症狀達到顛峰時，她不再願意和我一起出去，強迫她同行，她也只會一直盯著手機。因此，後來我都會先詢問孩子們的意見，如果他們不想同行，我也不會勉強。

這種青春期症狀或許跟手機一點關聯性都沒有，小孩還小的時候，父母會隨心所欲帶著他們出去，然而現在必須徵求個別意見，且尊重想法。

不久前，我看了一堂講座，才知道現實跟理想的差距如此之大。講師說，青少年對於母親的聲音非常敏感，所以媽媽們不要光是生氣，而是要穩定情緒，並用溫柔的聲音告訴他們：「考試時間快到了，媽媽只是擔心你一直在玩手機。」如此一來，小孩自己就會放下手機。

這位講師還說，孩子們玩一段時間後，自然而然就會開始減少玩手機的時數，如果過於嘮叨，反而會引起叛逆心態，所以要讓他們自行覺醒。

我當然知道這是最理想的方法，但我仍不禁喃喃說道：「哎呦，那是夢，是幻想。」

這個時代，手機不是一種選擇，而是必需品。父母雖然希望孩子們放眼世界，而不是只盯著手機看，但這並非強求就能達成的事，再者，沒收手機也不是解決問題的根本之道。

所以說，要讓孩子減少玩手機最好的方式是……我也不知道。幾經迂迴之後，我們約定好晚上十二點要把手機放在客廳，我只要確認她有沒有把手機拿出來就好。

我不期待女兒可以百分之百遵守這個約定，不過只要想，這是為了跟青少年子女和平相處的第一步，我就覺得自己能繼續忍受下去。

第 2 章

我們都是第一次

女兒進入青春期之後，老公帶給我的痛苦是女兒的好幾倍，因為他沒有試圖去了解孩子，而女兒覺得爸爸只要對她的語氣或行為感到不滿，就會生氣、憤怒，還會散發出不悅的眼神。

01

聽媽媽的話？青少年辦不到

我也是第一次照顧十三歲的女兒，
妳也是第一次來到十三歲這個年紀。

在名為更年期的包裝下，
一直以為自己是個還年輕的女人，
意識到自己的衰老後，內心一片混亂。

在名為青春期的包裝下，

一直像個孩子般的小朋友，
長大成人了。

我知道妳的內心也很混亂，
妳和我，
為了成為更好的人，
為了成為更幸福的人，
為了成為更進步的人，
一起努力吧。

整理書桌時，我發現了一本之前長時間隨身攜帶的小冊子。上述這段文字是女兒剛進入青春期時，我隨手寫下的文字。看到這段文字時，我回想起當時的我，雖然很混亂，但毅然決然的嘗試接受這件事。

女兒還沒上國中之前，就已經慢慢從小朋友蛻變成一位淑女，在這個過程中，她進入了青春期。現在回想起來，好像是從她問了我一個深奧的問題後才開始的。孩子在蛻變成為青少年的過程中，對於世界和自己，他們都需要更堅定的想法。

從某一天起，女兒開始不喜歡拍照，偶爾會不想參與家庭旅行。我們週末本來都會到附近外食，她卻會說不想去，情緒好壞全寫在臉上，光看表情就可以知道她現在的心情如何。

過去我們非常要好，我甚至還認為女兒就是我的分身，但現在我們之間好像隔著一道鴻溝。她有了屬於自己的祕密，而我並未受邀共享那個祕密。女兒開始有自己的喜好，如果別人不認同她，她會露出不悅的表情，當我哭得很傷心時，她也會盡量保持冷靜不跟著一起哭。

也許子女正在對爸媽吶喊：「請認同真實的我吧。」當父母不聽自己的解釋，當父母以為自己還是懷裡的小孩，並質問他們為什麼變得跟以前不一樣時，我想青春期的孩子們應該都很無奈。他們想要沒想法的活著，但這個世界過於複雜且難以理解，身旁更沒有可以詢問的對象。

「如果問媽媽的話，她又會露出不悅的表情，也沒辦法立刻回答，等到這個問題都快被遺忘時，媽媽才會給出答案，但此時自己早已對那個問題不感興趣。」

當我跟女兒開始產生隔閡時，我們都非常痛苦。孩子不親切的語氣與行為是肉眼可見的現象，而我們卻看不見他們那越藏越深的雙眼。

我敏銳的感受到這情況，女兒的內心原本像玻璃窗一樣可以被窺探，卻逐漸變得不再透明，我們的談話變得疏遠，沉默的時間也越來越長。

我無法用言語來形容這段時間有多麼痛苦，比起女兒不耐煩的表情、充滿不悅的行為、反駁和否定的語氣等，她的沉默更令人難以忍受。只要和女兒發生一點小爭執，我會記掛一整天，且難以專心工作。

我心想：「妳到底怎麼了？有什麼問題？我要怎麼樣才能幫妳？」然而最大的問題是，她也完全不知道自己為什麼會這樣、問題出在哪、需要什麼協助。

女兒還沒進入青春期前，我完全沒想過會發生這種問題。父母永遠都願意為子女赴湯蹈火，然而現在這份心意沒辦法傳遞給女兒，讓我覺得很鬱悶。

這是我們成為家長以後，第一次遇到孩子轉大人，我感覺我的腦筋一片空白，先前為了理解孩子所做的一切事物，好像全都化成浮雲。爸媽與心愛的小孩互相不認同對方，甚至還彼此憎恨。

我也按照專家的建議，試圖跟女兒面對面吐露自己真實的心聲，但她反而因為我不懂她的想法而生氣，我則是覺得女兒不聽話而憤怒。孩子跟父母之間不僅沒有互相體諒，反倒惡言相向。這段時間我心裡受的傷、流的淚，很難用言語表述。

當我發現，不管我說再多次，女兒都不會聽我的話時，那個當下是我最生氣、最抓狂的時刻。為什麼青少年小孩這麼不聽爸媽的話？就算是青春期，又怎麼可以這麼藐視想要幫助你們的父母？

後來，我看到了一篇報導，內容點出為什麼青少年不會聽父母的話，特別是媽媽的話。[3]

根據美國史丹佛醫學院（Stanford University School of Medicine）的丹尼爾・艾布拉姆斯（Daniel Abrams）教授的研究小組指出，兒童的大腦會對母親的聲音有所反應，但青春期的孩子則反之。他說，七歲到十六歲的孩子聽到其他女性的聲音時，會出現比聽到母親聲音時，產生更激烈的反應，注意力也會有所提升。

研究結果進一步點出：「**媽媽雖然可以激勵兒童，不過隨著年紀的增長，青少年會認為，相較於母親，從其他地方獲得的反饋更有價值、更具意義**。探索新的人事物，本來就是青少年時期的特徵。」

艾布拉姆斯教授表示：「父母們可能會因為無法跟青春期子女妥善溝通感到挫折，但人類的大腦就是如此，請各位爸媽要更加勇敢。」他的這番話，帶給我偌大的安慰。

依照上述的研究結果，我們家正值青春期的女兒，由於媽媽的稱讚過於理所當然，所以其大腦會告訴她，從其他地方獲得反饋更有價值、意義。

想了解青少年的思維，就是無止境的學習。既然知道這時期的孩子對媽媽的言談不會做出反應，那就別再嘮叨，而是應該把握住每一個機會。

在小孩的眼神變溫和時，慢慢來到他們的身邊，了解他們的心情，動員妳所有的感官，了解孩子現在需要的是多給一些零用錢，還是需要幫忙加油打氣。

想改變青少年子女，最好的方法就是感動他們。但能感動孩子的，終究只有真心誠意。我們應該告訴子女，媽媽也是第一次跟身為青春期的你們相處，所以才會產生衝動和不知所措。

過去的我經常抓著女兒大哭，但其實我一開始也很難理解自己為什麼要哭。明明是女兒無禮的口氣和行為讓我感到生氣，但在跟女兒對峙時，我又會因為她的毫無反應崩潰不已。

即便如此，我還是得告訴女兒：「妳今天的言行舉止讓媽媽我非常傷心，希望妳下一次稍微注意。」青春期女兒會為了不被母親的眼淚攻勢破防，做出更冷淡的表情，但就算是這樣，我也知道她又被我的眼淚和真心稍微融化了一些。

02 生了女兒後，我才開始懂我媽

當女兒成為青少女後，我常思考我是怎麼度過這時期的，也會經常想起我媽媽。當年並不像現在一樣豐衣足食，而是「賺一天過一天」。那時候的青春期，應該跟現在有著不同的意義。

某天，我打電話給媽媽，我很好奇她對我的青春期有什麼印象。

「媽，妳當年養我很辛苦吧？」

「哪有什麼辛苦，我跟妳爸都忙著賺錢，根本沒怎麼關心你們。你們就是自己長大的。」

「妳當時肯定很辛苦，只是妳忘了而已。在這麼艱難的環境下，還養育我們三姊弟。」

「我是在你們都已經長大了好久之後，看電視節目才知道，原來那時候的你們正值青春期。當時的父母根本不知道孩子在經歷這階段，日子就這麼過了。」

「媽，妳還記得嗎？我上高中時，妳每天都會在我的便當盒裡放一張紙條，上面寫著：『媽媽愛妳，好好吃飯，快樂過每一天。』現在回想起來，妳每天凌晨都要幫我跟弟弟準備便當，一定很累吧？妳怎麼會想到要寫這種紙條？」

「我有嗎？那時候的妳也還是個孩子，因為妳是老大，從小就被使喚來使喚去，很抱歉沒能給妳一個富裕的成長環境，紙條可能就是用來表達我的歉意。我從來不覺得把你們帶大很費勁，我只覺得沒能為你們多做點什麼，沒能再更愛你們一點。」

「對不起什麼啦！妳那麼努力把我們養大，真的辛苦了。」

說這句話的時候，我早已哽咽，雖然眼眶裡積滿淚水，但我深怕萬一我哭了，媽媽也會跟著哭，而強忍淚水。我們之間只要有一個人先潰堤，感覺我就會站在街上，拿著手機嚎啕大哭。我想，媽媽肯定也忍住不落淚。我們努力裝作若無其事，關心完彼此後便掛斷電話。我抬起頭，假裝望向天空，把淚水收乾。

我原本已經忘了媽媽每天都會在便當盒上面放一張寫著「我愛妳」的小紙條，跟她通電話後才突然想起來。當時的我看著這些紙條，一點也不覺得感動。因為我堅持要去離家很遠的高中上學，且每天都必須晚自習到十點，為此我的身心靈都非常疲憊不堪。

我每天回到家都超過晚上十一點，能見到爸媽的時間不超過五分鐘，有時候可能連一面都沒見上我就睡著了，隔天凌晨又接著去上學。媽媽肯定心疼我了，所以才會把她的心意寫在一張紙上，想藉此傳遞給我。

那時候的我，有給予媽媽任何回覆嗎？我想不起來了。

我以為我的青春期過得毫無痕跡，但也可能是我的錯覺。青春期藏不住，我現在才了解，能藏得住的，就不叫青春期了。

經歷過女兒轉大人，我這才明白，當年只能眼睜睜看著女兒歷經青春期的我媽媽，心裡該有多痛。孩子怎麼可能自己成長？沒有父母的愛和保護，怎麼能好好長大成人？如果沒有爸媽始終如一的信任，又如何長成為一個擁有健康靈魂的人？

我的媽媽並不是一個多愁善感的人，她不是很懂我，也不太會說一些暖心的話，她無時無刻都信任我、在原地等我。一直到我結婚生子，背著不斷哭鬧的女兒，在夜裡以淚洗面時，我才明白了這一切。

孩子不像綠豆一樣，澆點水就會自行長大。當我生下第一個孩子時，媽媽雖然替我感到高興，臉上卻帶著一絲悲傷，我現在才知道她為什麼會有這種矛盾。聽到我生完孩子的消息，趕到醫院的媽媽不是先問孫女的情況，而是先問我是否健康平安。

我媽媽跟我女兒說：「不要讓我的女兒太辛苦了。她雖然是妳媽媽，但她也是我最心愛的女兒。」就算我成為了一位母親，對媽媽來說，我依然是她的女兒，對生了女兒的我而言，我也依舊是媽媽的女兒。

面對即將步入她後塵的我，媽媽並沒有說太多，她轉而拜託我女兒，不要讓她的女兒太辛苦。每當我想起當時媽媽內心的沉重，我就會打電話給她。

「媽，我不知道原來當媽媽這麼難，所以我常常想起妳。妳以前也這麼累嗎？是不是也很常哭泣？」我雖然想這麼說，但我們倆仍然裝作若無其事，只是關心完彼此的近況後就掛電話。至於這段話什麼時候才不會把我惹哭，我也不知道。

03 每個人的青春期都不同

很多人說，大人也曾經歷過青春期，一定可以體諒子女的心情。人們說，父母應該要好好把握青少年時期，而且要用智慧面對它。然而，每個人歷經青春期的年紀都不太一樣，症狀也因人而異。即便是在同一個家庭成長的兄弟姊妹，經歷的時段、症狀也各不相同。

再者，對於當年還在用 BB. Call（呼叫器）的父母們來說，要去了解「一機在手，希望無窮」的現代小孩，還要想辦法跟他們拉近距離，根本不是件易事。

除此之外，社會氛圍（特別是孩子們最愛看的網路媒體）的變化，驅使親子關係變得更加緊張，爸媽也為此含冤受屈。現在的孩子，還一度以父母的經濟能力來評價自己是含著「金湯匙」或「土湯匙」出生[5]，這種想法是對於其在經濟方面不富裕的一種批判。

在這種社會氛圍下，子女不把爸媽當成需要交流和溝通的對象，而是評估經濟能力的指標。

電視劇的流行趨勢也會對兩者關係造成影響。在我還小的時候，電視上還有很多家庭劇和青少年劇，例如：《田園日記》、《一個屋簷下的三個家庭》、《順風婦產科》、《愛情是什麼》、《思春期》……。

當時雖然每個家庭都會發生矛盾，但不像現在會用富裕與否來評斷父母的好壞。我長大的過程與現在孩子身處的環境完全不同，他們每天都以光速在遠離我過去所生活的年代。

現在的小孩不會包裝或隱藏自己的青春期，反而是更用力的將其彰顯出來，因為現在的社會氛圍就是如此。

他們和我不一樣，不需要去迎合自己不喜歡的人，也不用硬是把自己塞進社會定義好的標準裡。人們的自我認知快速改變，雖然我有些擔心，卻也很羨慕他們這種重視自我的感覺。

面對青少年子女時，爸媽應該花時間思考，當年是如何走過來的。

我是三姊弟中排行最大的女兒。我的父母雖然沒能飽讀詩書，但他們比任何人都更加努力工作，養活我們，不過我們同時也得忍受父母長時間不在身邊。

身為家中老大，小學時我不能跟弟妹一樣只顧著玩耍，我必須分擔家務。雖然不是很熟稔，但我不僅要打掃、洗衣服，還要做飯。即便不是每個孩子在這種環境下都會早熟，但我天生性格敏感，很會看人臉色，所以早早就變得非常懂事。

上國中後，我開始注重外表，以前從來不感興趣的問題在我心中蔓延

5 編按：出自韓國的「湯匙階級論」，將富裕的孩子稱作「金湯匙」，位居中間的叫做「銀湯匙」，庶民則是「土湯匙」。

開來，而我依然表現得不動聲色。父母依然忙碌，成為國中生後的我，又多了一項任務——指導弟弟的課業。

現在回想起來，爸媽真的不該讓有重重心事的我來執行這項任務。當時，連我都搞不懂自己的情緒，竟然還要我去教玩心很重的弟弟讀書。弟弟們當然對念書興致缺缺，而暴躁的姊姊每天都像怪物一樣，折磨他們。

爸媽沒時間聽我說話，偶爾遇到煩心事，我也必須自行消化，不過大部分的問題都沒能得到解決，任憑時間流淌，最後成為了我的心病。我們現在只要看著子女的表情，就能看出他們有煩心事，但當年的父母卻不行。

如果把當年的我套用到現在，也許我也正用手機跟某人吐露煩惱，並尋求幫助。然而年輕時的我卻只能每晚暗自哭泣，祈求這段煎熬的時光快點過去。我每天自問自答，漸漸變成一個更會看臉色又更愛哭的孩子。

曾經這樣走過青少年時期的小孩，現在成為一位母親，並看著青春期孩子的臉色。跟我一樣敏感、感性、愛哭的女兒，也進入了這個階段，同時喚起我當時的記憶。

我這才領悟到每個人的青春期都不一樣，家庭環境會造就不同程度、不同性情的青春期。我想要給予我的孩子一個可以盡情說話、提問、哭笑的環境，我以為只要我努力一點，這件事就能成功。

但媽媽們犯下最大的錯誤，就是以為子女的青少年時期跟自己的一模一樣。女兒雖然是我生的，不過她卻是完全不同的個體。孩子的外貌雖然來自父母，但其靈魂、思維和感覺卻是獨一無二的。

媽媽們也許以為小孩就像是自己的另一個分身，但我們必須儘快打破這個幻想。當子女開始大聲說出自己的主見，表示現在是時候該進一步尊重他們了。

當妳因孩子火冒三丈時，請告訴自己：「她不是我的小孩、她是隔壁家鄰居的小孩、她是客人、她是老闆的孩子。」不過，會有人像我一樣給出這種建議嗎？

只要先認知到，孩子的青春期跟我們所經歷的不一樣，就能從中看見解決方案。千萬不要以為子女的青少年時期會輕鬆翻篇，也不能因為覺得小孩吃飽沒事幹、老愛發牢騷，就選擇忽略他們。

孩子們會用父母親對待自己的行為模式，來認識和學習人類、社會與自我。所以，爸媽不可以因子女們轉大人的暴躁而聞雞起舞，也不要為此感到疲憊，更不能輕言放棄。

成為好父母的道路永無止境，也沒有特殊祕訣。今天是爸媽，明天依然也是，就好比滾滾而來的浪淘，抑或是日出和日落。千萬不要在青春期子女身上一口氣投入過多的能量，或許這便是和他們好好相處的訣竅。

04 孩子轉大人，爸爸也好累

我的老公是三兄弟裡的長子，他從小和木訥又粗心的弟弟們一起長大，對於女人幾乎一無所知，且帶有刻板印象。女兒轉大人以前，他都沒機會知曉自己的認知有多麼詭譎與不正確。

老實說，女兒進入青春期之後，老公帶給我的痛苦是女兒的好幾倍，因為他沒有試圖去了解孩子。而女兒覺得爸爸只要對她的語氣或行為感到不滿，就會生氣、憤怒，還會散發出不悅的眼神。

即便老公沒有這個意思，但製造出會引發誤會的情況，他自己絕對得負責。倘若女兒覺得爸爸對自己沒有好臉色，一定有什麼原因導致她有這樣的感受。

事實上，老公時常因為女兒突如其來的無禮與冷漠，感到慌張，而他偶爾會生氣和發火也是不爭的事實。

女兒進入叛逆期顛峰時，比起跟她對話，我反而花更多時間在教育老公，告訴他孩子的成長歷程為何，以及青春期女孩的特徵為何。女生會有各種不同的行為特質，就算作為父母，我們也不應該去觸碰這些底線。

我們的女兒並不是想反抗或頂撞爸媽，只是有些話她覺得沒必要說，她可能也沒有意識到我們會為此感到無力。我告訴老公：「放下對孩子的期望，先去思考我們能為她做點什麼。」如果有希望女兒改正的地方就當場告訴她，忍無可忍才全部脫口而出，不僅說者的情緒會過度激動，聽者也會很不舒服。

不是只有父母會對子女的行為舉止有所期望，子女也是如此。我問老公：「如果女兒希望你改掉一直以來的行為或習慣，你能說改就改嗎？」

我之所以站在女兒的立場幫她說話，是因為我真的不想看到他們互相討厭、彼此爭吵的樣子，我覺得只要老公稍微退讓，就可以減少摩擦。

我不覺得自己罵女兒有什麼大不了，但當我看到老公在罵女兒時，卻如坐針氈。我認為老公已經是大人了，應該多多理解和包容孩子，再加上他對女兒說的話只會讓她更叛逆，根本聽不進去。每次都是我受不了出面調停，或是大發雷霆才得以平息他們父女倆之間的爭吵。

我討厭老公，也討厭女兒。不管是女兒明明不聽，卻依然重複碎碎念的老公，抑或是完全不懂得反省，反而出言頂撞爸爸，並用眼神挑釁對方的女兒，都讓我好難受、好想哭。

老公還覺得很冤枉，他認為自己對女兒的期望並不過分，他只是希望女兒從學校或補習班回家後，要好好跟父母打招呼；他希望女兒跟爸媽或弟弟講話時，不要說髒話；他希望女兒不要打電動或玩手機玩到三更半夜；他希望女兒回到家之後早點去洗澡……。

老公認為這些事都很日常、很基本，在別人開口要求之前，女兒就應該要有自覺。因為女兒沒有遵守這些規定，所以老公每次看到她就是各種不順眼，老公只覺得，這些事情只要稍微注意就可以加以避免或好好被執行，但這只不過是他的錯覺。

讓我們換從女兒的角度來看爸爸。

「爸爸到現在還是很喜歡抽菸、喝酒，明明這些都對身體不好，他甚至從來沒有努力戒菸或戒酒；爸爸也沒有在規定好的時間內關掉電視或放下手機。爸爸總是在挑我的語病。爸爸要我一到家就去洗澡，上學跟補習已經很累了，他連一點休息時間都不留給我。我就想等一下再去洗澡，但他老是催促我；爸爸叫我立刻馬上收拾房間，但我就想晚一點再收。」

孩子對父母肯定也有不滿，只不過我們不知道，但他們卻不會要求我們改掉他們不喜歡的地方（女兒以前會要求老公戒菸，但一直戒不掉）。

家長希望子女成為怎麼樣的小孩，等同於子女要求父母成為怎麼樣的大人。只要一逮到機會，我就會跟老公說說這些話。一開始他雖會反駁我的言論，不願意面對現實，但隨著時間流逝，他也慢慢改變了。

當女兒從學校或補習班回來時，老公會跟她打招呼「妳回來啦？」他會把女兒的話聽完，如果有感興趣的話題，他也會積極的跟女兒聊天。

即便女兒到深夜都還沒洗澡，他也不會催，看到女兒在打電動或滑手機時，他會睜一隻眼閉一隻眼。他當然還是認為青春期孩子不應該這樣，不過他也在努力，因為他想要重新拉近跟女兒之間的關係。

《爸爸不懂青春期》[4]一書就曾提到類似的內容。面對孩子轉大人，有時候我們只要在一旁守護他們就好，就算有什麼忠告想告知，在心裡說即可。比起給予孩子好的建議，跟他們說一聲「沒關係」可能會是更好的選擇。

我認為，默默在子女身後守護他們是最好的方法。當然，我也知道要忍住不碎念真的很難。

幸好我們家女兒也慢慢在做改變，她對爸爸的態度和言談，都不再這麼消極。雖然當事人感覺不到，但對我來說，老公跟女兒都在調整自我。也許女兒的青春期是一個契機，讓老公可以重新思索家庭與幸福的意義究竟是什麼。

05

愛孩子，有時要拉，有時要推

這是我很久以前聽過的一個故事。一名男子來精神科諮商，頂著一副幾天幾夜沒睡的樣子，向醫生抱怨道：「我已經連續好幾天做惡夢，那個夢讓我既痛苦又疲憊，每每夢到，我一定會從睡夢中醒來。睡不好，導致我連日常生活都感到很疲倦。」

「您可以仔細形容一下夢境嗎？」

「夢裡的我被一頭非常可怕的怪獸追趕，但我只要通過那扇門就會沒事，偏偏那道門卻怎麼也打不開。結果我就在最後一扇門的面前，被那頭怪獸吃掉。然而，最痛苦的其實並不是被吃掉，而是打不開門的絕望。」

「嗯，看來這道門富有意義。那道怎麼都打不開的門上，是否有寫什麼東西？」

「嗯……聽您這麼一說，門上好像確實有寫一些字。那些字是讓我擺脫這個惡夢的提示嗎？」

「有可能。人通常是對某件事有強烈的渴望，或者是感受到強大的壓力時，才會做這類型的夢，而且大部分的夢裡都藏有提示。雖然很痛苦，但請您下次做夢時集中注意力，看看門上究竟寫了什麼字。」

幾天後，那位男子又來諮商，他的表情豁然開朗，神情游刃有餘。

「您今天看起來氣色很好，應該是有睡好，那個惡夢消失了嗎？」

「沒錯，如您所說，我聚精會神看著門上的字，那道推都推不開的門上面竟然寫著『拉』。」

我年輕時，第一次聽到這個故事，還以為是一則幼稚又無聊的笑話。上了年紀後才發現，這則故事其實是人生指南。那時候我並不知道，原來有些事情要「拉」、有些事情要「推」。

拉的時候，盡可能拉進自己的心裡；推的時候，就推得遠遠的，不要讓自己心煩意亂，這就是愛孩子的表現。

孩子還小時，媽媽總是要待在他們看得見且觸手可及的地方。等到小孩成為青少年，需要自己獨處的時間，身為媽媽的我們也應該騰出空間，不要依依不捨，應該放手讓他們學習獨立。

如果把孩子比喻成一道門，我們有些時期要拉，有些時期要推。至於，如何分辨何時該推、何時該拉？方法很簡單。**當孩子需要我們時，盡量陪在身邊；當孩子把我們推開時，就稍微往後退一步。**

小時候，大部分的孩子都處於「拉」，青春期則變成「推」。

如果女兒能好言告知我她的需求，那當然再好不過，但就是因為她用粗魯的言語和叛逆的態度來表達，我的心裡才會這麼難過。

這件事並沒有想像中簡單。孩子還小時，我們每天都要追著精力過盛的他們四處跑，恨不得稍微保持一點距離，但當小孩長大後，換我們想跟他們聊聊時，反倒是他們不想要父母的關心。

話雖如此，如果抓錯時機，反而會成為徹底唱反調的爸媽，這也會使子女無法敞開心中的大門，更無法擄獲他們的芳心。

女兒在歷經青春期時，我也因更年期症狀飽受折磨。我的臉無時無刻都在發熱，每天晚上要醒來好幾次，隔天起床時，身體沉重的像泡了水的棉花。人們誤以為青春期的女兒與更年期的媽媽可以互相包容和理解，但其實女兒當時根本就無暇關注媽媽的狀態。

回想起來，這種不公平好像是必然的。女兒無法理解媽媽正在經歷多麼辛苦的階段，但媽媽過去曾度過青春期，所以理所當然必須對其言行舉止察言觀色。

人們往往認為，大人比小孩成熟，會的東西也更多，因此一定可以有所理解。不過，我所成長的世界和子女的成長世界根本完全不一樣，煩惱不同、深度也不同。

過去，一直把我推開的孩子，如果某一天突然向我伸出手，那就是該拉的時候了。我雖然沒辦法解決女兒的所有煩惱，但這是一個機會，讓她知道我是這個世界上離她最近，也是最可以信任的人。

就好比韓國青少年諮商專家李昌昱在其著作《青春期衝擊》[5]中所說，當子女向我們請求幫助時，收起嘮叨、協助就好。至於沒有提出的部分，多管閒事插手，是對他們人生的越權行為。這段話我真的深有同感。

千萬別忘記，在適當的時候拉近距離和推開彼此，是待人處事的最基本道理。

06

從話嘮變成省話一姊

有一群老人們正坐在咖啡廳聊天。我本沒有打算偷聽，但由於咖啡廳的空間不大，我就像是和她們坐在同一張桌子上似的，繪聲繪色的聽著她們談天。她們正好在說兒媳的壞話，其中一位老人說，她們家的兒媳婦沉默寡言，不太會表達感情，讓她覺得很不舒服。

「我家兒媳如果生氣，絕對不可能看不出來。就連她在洗碗時，我都能感覺到她的背影寒氣逼人。我寧可她說出不滿，我知道我很難搞，但她什麼話都不說。難道她不說，我就看不出來了嗎？背影也會說話啊！」

我一邊假裝看書，一邊偷聽她們說話，在聽到「寒氣逼人」這四個字時，我不小心在口罩裡笑了出來。因為這種強烈表達心中不滿的樣子，我已經在青春期女兒的身上看過好幾次了。

女兒小時候話很多，如果一整天跟她待在一起，可能會耳朵流血。她連吃飯時都在說話，只有睡著後才會停下來。她對眼前的一切感到好奇，也會提出問題。當孩子問起時，我大都沒辦法立刻回答。

女兒問我：「媽媽，為什麼風會吹？」我會用較為簡單的言語向她解釋，然後她會接著問其他問題，我一邊冷汗直流，一邊說明給她聽。用這種方式陪女兒，一天很快就會過去。當時，我甚至由於太累而消瘦許多。

孩子的好奇心永無止境，然而我的體力卻一天不如一天。帶孩子很累的原因之一就是要一直回答各種問題，因為她的話實在是太多了。

相比過去那個讓我疲憊不堪的女兒，轉大人後的她，話變得很少，有時我都快忘了她的聲音。再加上，女兒偶爾脫口而出的言語，聽在我們耳裡既粗魯又凶狠。

青春期的孩子應該也感覺得到，他們在外面跟朋友講話的用字遣詞不能用在家裡，所以說話時有些小心翼翼。儘管如此，不經意冒出來的髒話或暗號，都會使氣氛陷入尷尬。

其中最常見的習慣，就是在所有句子前面都加上一個「他媽的」。某次晚餐時間，女兒正在談論某件事，一旁的老公覺得她講話很刺耳，拜託她別再講「他媽的」了。結果，女兒閉上嘴後，就再也沒開過口。

不管是女兒、老公，還是看著這一切發生的我，瞬間忘記剛剛女兒到底在說些什麼，只能忍受降到冰點的氣氛。自從這件事發生後，女兒再也不跟我們對話。她只講必要的話，提問也很簡短。女兒雖然沒有大發脾氣，但她以「寒氣逼人」的方式表達她的不爽與憤怒。

這種情況確實有可能發生在老公和女兒身上，而我也非常討厭遇到這種事。如果女兒稍微注意一下用字遣詞，如果老公稍微忍耐一下就好了。我討厭所有會造成這種情況的人事物，所以這次輪到我來「寒氣逼人」。

當你感覺到某個人這樣做時，代表你已經察覺到對方的非語言性表達方式。我們必須運用身體、手勢、表情、目光、姿勢等，才能以非語言的表現傳達自己的想法和感受。而且只有非常關心對方的人，才有辦法發覺。除非雙方都有極深的感情，否則根本就不可能感受到對方寒氣逼人。媽媽之所以能覺察子女的細微變化，就是因為她把全身精力都灌注在小孩身上，所以才會對他們的非言語性表達變得越來越敏銳。

每當女兒不說話，一直做重複的行為，我就會變得特別敏感，受不了時我會把她抓過來問：「妳最近怎麼了？有什麼問題？妳說說看。」女兒沒有回答這個突如其來卻又令她心寒的問題，我明顯感覺到她的寒氣逼人。這時，我也很難說點什麼，所以我跟女兒說：「好吧，既然妳不講話，看來今天應該是不想講。」然後退一步，不再逼問。

事實上，我至今都還在努力了解女兒，包括寒氣逼人在內的非語言表達方式。

07
青春期很快就會過去？才不！

女兒步入青春期顛峰時，我每天都會跟身邊的人訴說她的壞話。剛開始，我只是想要洩憤，但負面情緒在我的體內爆發，使我嚎啕大哭。被不知道的人看到，可能會以為聽我傾訴的人打了我一拳。

我本來就是一個愛哭鬼，不過那段時間，我就像是水做的女人，只要有人碰到我，我就直接爆哭。綜觀整個人生，這段時期是我最鬱悶、最悲傷、最憂鬱的時刻。因為讓我哭的不是別人，是我最愛的女兒，也是我最想親近的人。

奇怪的是，每當我把女兒折磨我的暴行說出來，大家往往異口同聲的說：「女兒的行為沒有問題，是媽媽才有問題！」你說什麼？你的意思是孩子沒錯，我卻覺得她有錯？我的老天啊，你說這是什麼話？

女兒惹我生氣根本不算什麼，她吃飯、洗澡、睡覺，還有她的眼神及語氣等，我每天都在忙著指責她的行為，跟她吵架吵到快瘋了。但當我和別人提到這些事時，大家卻覺得沒什麼。這些小事對我來說堆積如山，聽在別人耳裡卻是瑣碎如塵。

大部分人也許都是如此。一家人待在狹小的房子裡，分享瑣碎日常，甚至連呼吸聲都能一起共享。家人是全世界最了解我的人，同時也是讓我最痛苦的人。在這個隨隨便便就可以斷絕關係的社會，最斬不斷的應該就是親情，特別是，如果子女之中有跟自己特別像的孩子，更是難上加難。

某天早上，女兒不知道什麼原因在發脾氣。我本不應該去在意她，但故意裝作不知道也是一種壓力，所以我還是問了她在找什麼。她說，她要帶運動服去上課，可是找不到，她明明把運動服掛在衣櫃裡，不知道為什麼卻沒看到。

最後，我幫她找到，當然，她才不會跟我道謝。這件事任誰看來都是一件小事，根本不會有人在乎，我卻在這個過程中，因為女兒冷漠的語氣和行為受傷。

當我和其他媽媽們分享這件事時，我突然意識到，已經很久沒有人對我如此冷淡過。在社會上遇到的人，雖然不知道他們內心真實的想法，不過對我都很親切，養育我的父母也不會用這種態度對待我。

長大後，我既不會跟讓我覺得痛苦的人來往，有時還會選擇避開。我可以很理所當然的做到這件事，然而孩子卻是唯一不能讓我這麼做的對象。就算女兒每次都不善待我，就算我每次都會唸她、罵她，但子女跟父母沒辦法說不見就不見，想躲也躲不掉。

經歷過孩子轉大人的前輩媽媽們，有時會站在我這邊，有時又會站在孩子那邊。但她們大部分都跟我站在同一陣線，因為她們也有過這段歷程，了解我眼淚裡的意義。

我懷胎十個月忍受腹痛，不分晝夜用心照顧的小孩，長大之後卻開始藐視父母，我們都知道這種憤怒、絕望、悲傷、空虛和寂寞。現在的我正走在這條隧道裡，她們則是不遺餘力的為我提供建議。

不過，她們的建議好像每次都如出一轍：「青春期很快就會過去，等這時期一過，孩子就會像什麼事也沒發生過一樣，再度溫柔的靠近，所以不要跟他們吵架，再稍微忍一忍。」這段話真的是一種希望的煎熬啊！

生完孩子分泌初乳導致乳腺炎時；只能背著半夜哭鬧的孩子趴睡時；孩子因肺炎住院時；孩子對無謂的事情耍脾氣時，還有青春期時……大家也總會說：「痛苦很快就會過去，再堅持一下。」

結果確實如此，隨著時間流逝，這些痛苦的時光也會隨之消逝，但青春期所花費的時間，似乎比其他事情都來得更長。雖然我們不會記得子女當下的言行舉止，但如果想要療癒這段時間受傷的心靈，是不是也需要花更多的時間？

08 妳現在是覺得我很丟人嗎？

女兒一個月前突然拜託我陪她一起去新村（位於韓國首爾市），但我並沒有問她要幹麼、要去哪、要等她多久……當女兒問我時，我很乾脆的答應，我覺得願意為子女騰出自己的時間，是一種感謝，感謝女兒把我當作朋友。因此，不管女兒找我去哪，我都會陪她一起去。

爽快答應女兒的要求後，這期間我們曾有過殺氣騰騰的爭吵，也發生過幾乎快要斷絕母女關係的事件。不知不覺間，到了約定的這一天，我們按照計畫八點出門，到新村之前，女兒一直在看手機，且喃喃自語，因為她發現，其他人都已經熬夜排隊拿到號碼牌。我們在還沒抵達目的地前，號碼牌早已發完。

我問女兒排隊的規則是什麼？是否要繼續等，還是要回家？她卻不發一語，一直在鬧脾氣。讓我最生氣的是，因為我一直問問題，她竟然叫我安靜一點。我低聲細語，深怕別人聽到，她卻要我安靜，現在是覺得我丟人現眼嗎？

我心想：「不是妳約我的嗎？現在又覺得跟媽媽一起來很丟臉？」我放棄星期六早上的黃金賴床時光，二話不說陪她出來，她竟然對我發脾氣，真是令人無言至極。

想到這裡，我內心的怒火就像燒到滾燙的大醬鍋一樣沸騰。為了平息盛怒，我拿出背包裡的書開始翻閱，但我一個字也看不進去，站在這個不知道要等多久的人龍裡，我覺得自己十分淒涼，眼淚也快要奪眶而出。

我到底在幹什麼？非但不被女兒感謝，自己好像還來到了一個不該來的地方，真是太慘了。

我在心裡掙扎了一百次，是否要開口跟女兒說直接回家。但如果就這麼回去，我跟她之間的關係就會變得無比遙遠，我無法想像要花多少時間和努力，才能重新拉近彼此的距離。

這段時間以來的經驗告訴我，不管孩子讓我有多生氣，當我生氣的瞬間，孩子的錯誤就會消失殆盡，只留下媽媽心胸狹隘的樣子。

我下定決心再忍忍，接著再度翻開手上的書。當時的我很喜歡閱讀，不管在哪裡，我都可以像坐在圖書館一樣埋首其中，能擁有這種能力真是太幸福了。

我放下自尊心，讀著書，但我腳好痛、腰又痠，在秋高氣爽的早晨裡，我為什麼要站在這條長長的人龍之中？我是誰？這是哪？當我認清現實時，女兒終於買到她要的東西，至於那是什麼並不重要，重點是經過整整三個小時又三十分鐘後，女兒拿到三張小卡，原本悶悶不樂的她終於笑了出來。

原來她是為了拿到這個東西，才一大早辛勤的等了這麼長時間。雖然在我眼裡那只不過是三張普通小紙片，但不管怎樣，只要妳喜歡就好。

我拖著喀喀作響的膝蓋，跟女兒一起坐在附近的咖啡廳。趁著閒暇時間，我向女兒訴說早上那些令我傷心的事，並告訴她，她無意間的言行舉止傷了我的心。

女兒露出抱歉的神情，她說自己沒預料到號碼牌會這麼快發完，她當時也很慌張，沒能顧及到媽媽的感受，非常抱歉。我嚇了一大跳，我沒想到可以從女兒的嘴裡聽到道歉。

各位可以想像一下，當這段令人煩躁、充滿神經質、讓人想哭的時光過去之後，迎來的是有如青春小說般幸福又快樂的結局，這種溫馨時刻該有多麼的甜蜜！

然而我忘了，這種美好不會持續太久。後來，我去了一趟二手書店，並花三十分鐘挑書，女兒此時卻一直抱怨自己的腳很痠。我等了三個小時又三十分鐘，她只等三十分鐘就催促我快點離開。不過，謝謝女兒等了我三十分鐘，讓我選到三本書，這樣就夠了，我們回家吧。

第 3 章

更年的我，
擁抱不了青春的妳

這段時間是我人生最痛心的時期，有什麼能比孩子更讓我痛苦嗎？有什麼比孩子更能帶給我幸福和快樂嗎？但當她某一天開始出言頂撞我、大吼大叫、發脾氣，身為媽媽的我，心就會瞬間土崩瓦解。

01

我助妳青春轉身，但我只能獨自更年

讀完《青春期的大腦很危險》[6]之後，我進而理解青春期孩子大腦的狀態，並對此感到衝擊。

青少年大腦裡有一千億個細胞（神經元），這些細胞會重組成一千兆個細胞連結。他們在獲得大量資訊的同時，也會遺忘一些訊息，當合理化問題、解決問題的前額葉變得發達後，大腦傳遞資訊的速度會比以前快上一百倍左右，記憶資訊和產生邏輯的能力也會隨之變高。

但讓我最震驚的是，孩子的大腦比我們想像中更複雜、更脆弱，而且更容易受到環境的刺激。青春期大腦至少要發展到二十多歲才會結束，也就是說，這時期比我們所認知的時間更長。

天啊！怎麼會這樣？我以為女兒二十歲時，我們就可以成為無話不談的母女，我滿懷期待，但大腦轉變成大人的時間竟然比我預期的還要晚五年，這絕非一件小事。

我也曾歷經青春期，如果說此階段是一座隧道，那我就是穿越隧道；如果說是一座橋，那我就是度過那座橋。

正在轉大人的孩子們，在學校會學到這時期從何而來、有多重要、會有什麼症狀……。青少年子女最不希望爸媽來打攪自己，他們心裡也許在想：「你們不也經歷過嗎？為什麼還要把我搞得這麼累？」他們相信，父母都曾歷經此階段，應該很清楚他們的心境。

事實上，大人們並不了解什麼是青春期，因為現在的環境跟過去大相逕庭。雖然我們的爸媽也是含淚把我們養育成人，不過當年的他們跟子女同樣都是地球人，也會害怕父母威嚴，且那個年代的青春期是可控的。

然而，以現在的孩子而言，他們只有外表看起來像地球人，實際上卻是來自其他星球的外星人。所以說，大人們不要覺得自己非常了解青少年子女，要無時無刻保持關注、持續學習。

除了學習子女轉大人的知識外，還要了解有關父母的知識，特別是母親的身體。老一輩的人結婚得早，孩子的青春期跟父母的更年期不太會撞在一起，等到孩子長大獨立後，媽媽才會經歷空巢症候群（empty nest syndrome）[6]。不過現代人晚婚，生育的時間也隨之變晚，因此兩者多半會重疊。

我在圖書館搜尋更年期時，雖有找到一些書籍，但其數量寥寥無幾，可能連青春期的百分之一都不到，由此可知有關更年期的資訊還不夠多。

為什麼大家對於更年期如此漠不關心？媽媽研究子女的青春期，但孩子們卻不關心正在逐漸老去的父母。想到這裡，我不禁悲從中來。不過身

6 編按：孩子逐漸成熟後，會開始擁有自己的生活空間和想要實現的夢想，因此會離開父母身邊。空巢期約落在四十五至五十歲左右，除了感嘆孩子的成長速度，也要面臨個人身體老化、更年期激素使身體不適，在身心靈皆受到影響的狀況下，容易產生鬱悶、焦躁情緒。

為母親，我並沒有太多時間悲傷，從現在開始，由我自己來關心和照顧自己的身體即可。

過去「更年期」這三個字是一個令人感到陌生的詞彙。《妳親身經歷過更年期嗎？》[7]中提到，更年期是女性停經後，身體開始減少分泌荷爾蒙，是一段極其自然的過程。也就是說，體內非必要的荷爾蒙逐漸變少，這段時期就稱之為更年期。

問題在於，女性從四十歲出頭便會開始出現相關症狀，不過更年期何時會來因人而異，症狀也是千差萬別。有些人會像我一樣，雖然每個月經期正常報到，卻也經歷著更年期的症狀。

上述這本書裡，不僅談到更年期的原因與症狀、治療方式與需要注意的地方，還收錄更年期媽媽們的故事。經歷青春期的是孩子，經歷更年期的是大人，青少年子女有爸媽幫忙打點，但媽媽的更年期卻只能自行打算。

如同知道青春期一樣，我們也要了解更年期，才能讓自己過得更好。身兼作家與韓醫學博士的李賢淑作家說，**更年期是人生的第二春，為了在下**

半輩子突破原本畏首畏尾的自己，這是一段愛自己和放飛自我的時期。

也許這就是兩者的共通點，**它們都是一段自我了解的過程**，讓我們更加熱愛這段短暫的人生旅程。如此一來，爸媽和子女更應該去理解、包容、擁抱，並彼此安慰說：「辛苦了，身體正在適應荷爾蒙，雖然艱辛，但一起努力吧！」

02 孩子喜歡就好

我的女兒是寶可夢狂粉。狂粉，近似於日文的御宅族一詞。御宅族是一九七〇年代日本的流行語，這個字原本是指「家」或是「您」，後來被用來形容只關在家不出門，或是沒有愛好、缺乏社交能力的人。現在則泛指埋首在某個領域，比專家更具備熱情和興趣的人，具有正向意義。

幾年前，大家還認為御宅族是關在房間裡無所事事、無精打采的人，他們把自己關在房間裡，缺乏社交生活，導致身心靈都造成問題。

而幾年過後，他們卻被稱作充滿熱情的「狂粉」。不只名字改變，就連意義上都變成是精通某個領域，用狂熱的行為追求生活動力的人們。相較於沒有愛好的人，擁有興趣的人反而可以過上更快樂、更有趣的人生。從這一點來看，我的女兒也是一個積極的狂粉。

寶可夢泛指寶可夢公司（The Pokémon Company）發行的系列遊戲，或是以原著改編的動漫電影、漫畫、TCG[7]等跨媒體作品，也是對寶可夢系列所登場之虛擬角色的統稱。

我到現在還是搞不太清楚寶可夢的角色名稱，因為每次推出新系列就會出現新角色，至今已經累計一千零二十五個之多。每個角色的小時候及長大後的能力和數值都不一樣，如果沒有長時間研究，根本就無法完全了解寶可夢的世界。我到現在也只知道皮卡丘、小火龍、傑尼龜、妙蛙種子和伊布。

女兒從小就很喜歡寶可夢。她先是看了漫畫，然後開始收集書局裡賣的角色小卡，接著又買了遊戲機。我送給她的生日禮物是她喜歡的寶可夢娃娃，有時她還會纏著我帶她去一年只舉辦一、兩次的活動或專賣店。

雖然我跟老公不太懂那是什麼，但是只要女兒想去，我們就會排除萬難。即使隊伍大排長龍，女兒也從未發過脾氣，總是眉開眼笑。反而是她害怕爸媽說要回家，還會開啟平時難得一見的撒嬌模式。

要排兩、三個小時才能獲得購買寶可夢商品的機會，我真的覺得很荒唐，而且所有周邊商品都很貴。女兒喜歡這個、也喜歡那個，但由於沒辦法全買，因此她一下子拿著這個，一下子又拿著那個，幸福的煩惱著。

除此之外，女兒還是日本動畫的狂粉。她看完二〇一七年由新海誠導演製作的《你的名字》之後，備受感動，後來還買了實體書和海報，並不斷重複播放主題曲來聽，甚至還去參觀在江南舉辦的展覽，以及主題曲演唱會。

女兒是不折不扣的寶可夢兼日本動漫狂粉，她最想去的國家是日本，最擅長的第二外語也是日文。

7 編按：交換卡片遊戲（Trading Card Game，簡稱TCG）又稱集換式卡牌遊戲，是指使用販售的專用交換卡片所進行的卡片遊戲，多為一對一的雙人對戰形式。

老實說，我跟老公很喜歡女兒的這一面。如果我們夠有錢，甚至想把所有她想要的東西都買給她，孩子的笑容真的是有劇毒啊！我對遊戲和動畫完全沒興趣，但只要子女喜歡、可以帶給他們笑容，我都願意參與。若要進到孩子的世界裡才能完全理解他們，我會毫無畏懼的走進去。

但光明總是伴隨著黑暗。女兒過度沉迷於遊戲，我也因遊戲機和她大吵一架。我知道這只是一時的，但我還是很擔心女兒把注意力全都放在遊戲上，且只活在這臺遊戲機裡。我光顧著擔心，卻沒有意識到女兒正在一天天的改變，也從沒想過我們會面臨比遊戲機更嚴重的風暴。

女兒上國中後，我買給她的第一支手機是學生專用的國產手機。但不到一年她就換成了iPhone，而且每當蘋果（Apple）推出新產品時，女兒便會拜託我幫她換手機。

剛上市的新手機，市場價格都非常不友善，不過由於女兒想要，我還是會買給她。因為孩子想要、因為她說朋友們都有、因為昂貴的手機能分期付款的期數比較長等，跟女兒為了手機吵架的血淚故事，那又是另一個故事了。

女兒最近像個小氣鬼一樣，守著零用錢不肯花，為的是不久後她想去快閃店。女兒找我陪她一起去，我也欣然答應。當我要她請我吃好吃的食物作為報答時，她竟然笑著說會買甜甜圈給我吃。小氣巴拉的女兒居然要請我吃甜甜圈，這代表她知道我是為了她才去那裡的。可以，這樣就夠了。

03 女兒壓力爆棚，我比她更焦慮

女兒還小的時候，我很認真在讀育兒書籍，但自從她上小學後，我就幾乎不看了，因為我自認我們之間在相處上沒什麼太大問題。

然而，自從女兒轉大人後，我又開始閱讀有關青少年的書。圖書館裡有非常多教育青春期子女的書籍，從親子的日常，到醫師、心理學者、諮商師、教師等各方專家所撰寫的都有。

也就是說，各界的父母都曾與青少年子女有過摩擦，並試著努力了解他們，甚至為了改善雙方的關係而苦惱不已。

我之所以在女兒小時候，如此用心閱讀育兒書，有一部分是想把自己的心頭肉好好養育成人，另一方面是由於自己身為新手媽媽，害怕不了解孩子的緣故。

由專家執筆的育兒書裡，似乎有著淺顯易懂的答案，可以告訴我們為什麼帶大如此可愛又討喜的孩子，竟是如此辛苦。隨著我看越多的書，越覺得自己像是一個笨蛋，究竟是情緒導致我出現這種想法？還是想透過文字學習如何育兒的我真的是傻瓜？或許正因為如此，我才會到如今還在翻閱這些書。

❀ ❀ ❀

「媽媽，我的好朋友說他要退學。」

不久之前，女兒告訴我，她有一個朋友退學，幾個月後，又有另一個朋友也跟著申請。在我的認知裡，退學就是做了壞事被學校趕出去，但女兒跟我說，現在很流行為了準備考試或出國留學而申請自願退學。

「妳說現在很流行退學？」雖然女兒後面講得含糊不清，但她一定是被動搖了。如果能擺脫考試地獄，她肯定也很想逃離。而且就連她的好朋友也都退學，她必定以為除了上學，人生還有其他更輕鬆的路可以走。

我聽著女兒好友的故事，內心滿是擔憂。我一直以為孩子不去上學是因為發生了什麼大事，或是有什麼問題才會被退學。再加上，我也非常擔心，萬一女兒的朋友掀起一股自願退學的風潮，導致她內心受到動搖也想跟著照做該怎麼辦？

現在的孩子確實與我們不同。他們生活在資訊爆炸的世界，焦慮指數比以前更高，就算成長過程中沒有匱乏，他們也覺得自己好像沒辦法過著和父母一樣的生活，放棄的事情也隨之變多。

過去用來形容放棄戀愛、婚姻、生產的流行語「三拋世代」，現在又加上育兒，變成「四拋世代」，接著他們又放棄買房，變作「五拋世代」。最近，又再度放棄夢想和希望，出現所謂的「七拋世代」。如此自嘲，也讓人不禁長吁短嘆。

現在的孩子為什麼會變成這樣？我成長的年代尚未如此，問題究竟出在哪？我懷抱著鬱悶的心情來到圖書館，果然，我能依靠的還是只有書。

在這麼多青少年相關的圖書中，映入我眼簾的是以媽媽育兒問題達人與育兒之神著稱，同時身兼精神科醫師與兒童青少年精神科醫師的吳恩永博士，十幾年前所執筆的《孩子的壓力》[8]。這本書裡的文字密密麻麻，頁數更高達四百頁，讓人覺得無比信賴。

書中提到，爸媽之所以想要輕鬆帶過子女的壓力問題，是由於太過於慌張，不願意接受小孩正在承受壓力的事實。大人們不敢面對，也不願承認子女正在因自己無知而感到痛苦，所以想強迫自己相信這一切都沒問題，但其實這種想法非常危險。

當小孩感受到壓力時，爸媽及時出手，竭盡全力協助他們解決問題，並且真摯的與其對話，這才是最佳的處理方式。

壓力是人類遇到身心靈無法承受的困境時，內心感到焦慮與危險的情緒。該書也提及首度提出「壓力」一詞的心理學家漢斯・塞利（Hans

Selye）。塞利說：「人生必然會伴隨著婚姻、生育與升遷等事件，而這些事皆會改變人生，所有需要適應的新事物都是壓力的成因。」

我們的孩子都正在經歷青春期巨變，這個過程必然會產生壓力。即便身為父母，也無法消除他們所有的負擔，但壓力太大會造成問題，因此務必要找出原因，並站在他們的角度看待事情，幫助其減緩痛苦。

這些我當然都懂，不對，我以為我懂，但為什麼我一面對女兒的壓力時，內心就充滿恐懼？

站在女兒的壓力面前，我害怕無法幫到她，所以假裝不知道她正在承受痛苦。了解與承認完全是兩回事，我們總是想：「別人家的孩子也許會這樣，但我的孩子不會。」這是由於我們害怕去打破一直以來都認為沒關係的那些事情。

我必須承認，每當女兒被動搖時，我也會緊張、焦慮。當女兒因壓力疲憊不堪時，守護她的母親自然也會感到負擔。愛得越深，負擔就越大。不論是女兒還是我，都會因為一些個人因素產生壓力。不同之處在於，身為成人的我雖然承受的壓力更大，但我有解決方法。

如果想幫助子女適當排解負擔，某個程度上，爸媽必須睜一隻眼閉一隻眼，例如：讓他們玩遊戲玩到凌晨、長時間沉浸在網路世界、跟朋友一起逛街……。

幸好女兒願意在沒有好友的情況下，忍受無趣的學習，好好上學。光是這一點，我就已經很感謝她了。

04 更年的我，擁抱不了青春的妳

去上班的路上，我聽到兩位小學生的對話。

「我最近在養熱帶魚，妳都不知道牠們有多漂亮。我常常會想起牠們在水裡遨遊的樣子，真的好美。」

「真的嗎？養魚會很難嗎？」

「嗯，清理水族箱蠻累的。不過我媽媽她比較累，我只是小助手而已（聽到這裡我真的噗哧一笑）。幫水族箱換水時，不能一次全部換掉，要一點點的排水，然後再加入乾淨的水。熱帶魚對溫度很敏感，對水的味道也是。」

「溫度我可以理解，但水有味道嗎？魚能嚐出水的滋味？」

「科科科科～（她真的這樣笑！）我也不知道。我還沒跟熱帶魚聊過天，但每當我靠近的時候，牠們都會朝我游來。牠們真的認得我～。」

「哇～好可愛喔，我也想養熱帶魚了。」

這兩個女學生看起來大概是國小二、三年級。她們用單純的語言在討論熱帶魚，而且還發出「科科科」的笑聲。她們的對話裡，沒有任何一絲謊言和虛偽，非常純粹，也沒有出現俚語、縮語、髒話和外星語，她們的談話感動了我。

我下班時，隔壁學校的國中、高中生們也放學了。

「啊，××，×煩死了！為什麼要下雨啦！」

「真××的要瘋了，××的為什麼要下雨啊！」

「××，我鞋子都溼了。啊，××真煩！」

「就算沒下雨，你也是××的煩啊！你會在那邊說很熱。」

「××喔，熱就要說熱啊！不然要說啥？××小子。」

我知道，孩子們對話裡的髒話都只是語助詞，不可以對他們說的話太敏感，但我真的感覺耳朵快要爆炸。於是，我加快腳步，想要擺脫掉這群學生。好不容易甩開他們，結果前方又有另一群，口中同樣複誦著我剛剛聽到的髒話。

我原先以為，只有我的小孩才會這樣，沒想到別家的孩子也是如此。不過，有些孩子雖然會在外面說髒話，但回到家就會收斂。他們是孩子不是大人，竟然能夠做到收放自如，真是太詭異了。

比他們多活好幾十年的我，在社會上遇到難題時，回到家也會閉口不談。既沒辦法裝沒事，卻也無法說出自己內心的辛酸，自尊心受挫，最後只能選擇緘默不語。

孩子們也知道，如果把在外頭跟朋友暢所欲言的用語搬回家，肯定會被父母責備，他們雖然想轉換成乖巧的說話方式，卻會變得吞吞吐吐、說不出口。所以，處於青春期的小孩，才會不由自主的變少話。

我發現我女兒也是如此，不管我問什麼，她都沒有回應。女兒越是面無表情，身為父母的我越是焦慮和擔心。我知道這種時候應該堅定的相信她，對她的信任要比水泥更加堅固，如此一來，她便會慢慢卸下心中的高牆，再度向我走來，但我依然每天都像身處在煉獄。

父母養育青春期子女的過程中，最辛苦的莫過於忍受他們的粗話與沉默。女兒應該躲在我的保護傘下，而她卻一個人獨自淋著傾盆大雨，被困在陰鬱的監牢裡哭泣，這件事讓我既痛苦又害怕。

這段時間是我人生最痛心的時期，有什麼能比孩子更讓我痛苦嗎？有什麼比孩子更能帶給我幸福和快樂嗎？但當她某一天開始出言頂撞我、大吼大叫、發脾氣，身為媽媽的我，心就會瞬間土崩瓦解。

我當然理解小孩的情況，也知道身為母親該怎麼做，然而在這一刻，這些卻毫無用處。我不斷想著女兒，整天想著她的變化，**但更年期媽媽缺乏擁抱青春期子女的力量。**

我跟女兒之間這段無法向他人表述的時光，現在回首，其實是一個讓我能更認清自己女兒的機會。我慢慢接納她不是我期望中的模樣，也必須接受她渴望成為自己想要的樣貌。

女兒肯定也很辛苦，必須獨自一人消化那些連自己也無法控制的不安和情緒。她會不自覺的生氣和不耐煩，但即便如此，事後她依然很難開口向爸媽道歉，且以溫和的態度對待父母，就像當年的我一樣。

青春期女兒、更年期媽媽，各自按照自己的方式，正在度過這個荷爾蒙發酵的時期。

05 想交流，妳得靠近他們的世界

面對女兒之前，我往往都會下一些奇怪的決心。

一、要熱情的向女兒打招呼，就算她敷衍我也不能生氣。

二、要問她在學校過得好不好，即使女兒的話裡夾雜髒話及流行語，聽不太懂，也要耐心聽到最後。就算她說老師很奇怪，班上同學說了一些奇怪的話，也要認真回答。

三、要安慰她：「讀書很辛苦吧？」不可以說：「妳知不知道，妳現在只要把書讀好就好，是多麼美好的時光啊！」

四、不可以因為女兒開玩笑說要退學而暴怒，雖然她會說她不是在說玩笑話，但我往往會把這句話解讀成上學很辛苦。

五、要問女兒有沒有缺什麼？零用錢還夠不夠用？即使女兒回覆說：「給得那麼小氣，妳覺得夠用嗎？」也不能生氣。不要硬是火上加油的回嘴說：「但妳至少還有零用錢，媽媽我當年可是連零用錢都沒有。」

六、即使女兒很晚還沒有洗澡，也不可以跟她說「該洗澡了」；就算女兒很晚還沒有睡，也不可以跟她說「該睡了」；即使女兒很晚還在打電動，也不可以跟她說「別玩了」（雖然我不知道自己辦不辦得到）。

七、觀察女兒的表情，如果看上去不對勁就要問她：「妳沒事吧？」作為父母的我，這時候只希望女兒沒事。如果有事，我擔心萬一這個問題連我都無法解決，那該怎麼辦才好？

八、考試期間絕對不能問有關成績的問題。國中時，看女兒的表情就大概可以猜到她的成績，但上高中之後，她的臉色大都不太好。

九、週末時，就算日上三竿，也不可以對還在睡覺的女兒說：「妳昨天到底幾點睡的？到現在還在睡？」也不能說：「妳難道不能在該睡覺的時候睡覺，該起床的時候起床嗎？」

十、要時常告訴女兒，我真的很愛妳。起初，剛開始一定會尷尬，大家都一樣。

剛開始時，我認為上述這些決心幾乎無法被實踐。特別是當女兒談論學校生活和朋友的事時，她粗魯的說話方式，聽在我耳裡實在很不舒服。因為女兒的用語就是夾帶髒話的流行語，而其中大部分又都是縮語，所以當她在講話時，我經常會問她：「等一下，那是什麼意思？」

現在孩子的語言已經超乎我們想像，她偶爾還會貶低自己的學校，或是嘲笑班上同學。女兒在學校和朋友們對話時，會自然而然的使用這些用語。如果我想跟女兒溝通，就得熟悉她的用字遣詞。

例如：裝嗨、八哩八告（胡搞瞎搞）、好爽、Skr、誰拿刀逼、踹共、伸手牌、氣再來……各種流行語層出不窮。當我聽懂那個字彙的意思時，孩子們可能已經不再使用，但對我來說才正要開始，真是令人哭笑不得。

即便如此，我也別無他法，如果想跟女兒交流，就必須靠近她身處的世界。除此之外，我也希望女兒能跟我分享她的內心想法，如果未來還能一起做些什麼事，那就更好了。

我相信，這份想要靠近女兒的心，只要持續努力，總有一天，我們會彼此理解青春期與更年期，並重新相聚。

06 說話老帶刺？他們也無法控制

老公抱怨我總是拿女兒沒辦法。做錯事就應該要罵，也要多唸唸她，讓她好好遵守日常生活的約定。

「妳為什麼只拿大女兒沒辦法？對小兒子就不會這樣？」

「我不是拿她沒辦法，沒事惹孩子生氣有什麼好處？」

我雖然這樣說，但老公說的是事實。只要女兒一跟我說話，我就會變得很緊張、很焦慮，還會開始冒冷汗。當女兒問我問題時，就算我知道答案，卻答不出口。我會看女兒臉色，我對待她的方式，無疑就是小職員在面對職場上司。我也很好奇，為什麼我會對女兒沒轍？

我最討厭聽到女兒說「好了，算了！」每次聽到這句話，原本平靜的內心就會開始翻騰。大部分情況都是女兒講話太快，我沒聽清楚，所以又再問一次：「妳說什麼？我沒聽清楚。妳說什麼了？」

每當這種時候，女兒總是會用厭煩的口氣說：「好了，算了！」我不是故意不聽，我也想仔細聽，但就是聽不清，該不耐煩的人難道不應該是我嗎？當女兒說出算了，並把房門關上時，我真的很崩潰。

奇怪的是，我總是會對女兒不耐煩的言行舉止反應過度，憂鬱和悲傷也會一下子朝我席捲而來。我自認已經很努力，但只要女兒說話一沒耐心，我的心態就會立刻崩壞。這種狀況本不該流淚，而我卻像個傻子一樣哭成淚人兒。

我從小就是個愛哭鬼，只要有人說點什麼，我就會崩潰，且不由自主落淚。最常惹我哭的人是爸爸，稍微被他唸一下，我就會潰堤。不管我再怎麼努力忍住不哭，眼淚還是會像洪水般湧出。

有一件事令我印象很深刻。當時，我們一家人正在吃晚餐，我喝水喝到一半，手上杯子竟然不小心滑落。爸爸罵我說：「妳還不專心點？一定是把心思放在別的地方，才會手滑。」

沒拿好杯子已經夠丟臉了，還被爸爸大聲斥責，我的淚水瞬間奪眶而出，開始在餐桌上嚎啕大哭，眼淚滴到我的飯上，又滴到我的手背上，我雖然想裝沒事，不過卻藏不住眼淚，不斷哭泣。

媽媽安慰我、叫我別哭，她說吃飯哭的話會消化不良，但我的淚水依然無法稍停。我越是想忍耐，就哭得越嚴重，連口中都發出「嗚嗚嗚」的聲音。我手握湯匙，一邊努力忍住哭聲，一邊顫抖肩膀。我其實並不想哭，同時也對自己無法停止哭泣感到很生氣。

我天生就是愛哭鬼。我的淚腺比別人發達，內心又比別人脆弱。只要有人哭，我總會跟著一起哭，只要有人稍微對我說些什麼，我的眼淚就會爆發。幸好長大之後的我很能忍，不過有些情況下我依然會忍不住。

我拿女兒沒辦法這件事，難道跟我很愛哭有關係？令人驚訝的是，還真的有關係。我對女兒不耐煩的舉動和言語過度敏感，代表我的內心騰出太多空間給她。我覺得自己很愛她，當我感受到她好像不愛我時，心裡的那道牆過於脆弱，所以才會快速崩塌。

我想，大都是因為我心態上有問題。當女兒的行為帶刺或說話粗魯時，不成熟的我就會有種快崩潰的感覺。**青少年子女不耐煩和沒禮貌的行為，既不是父母的錯，也不是任何人的錯。青春期沒有所謂的禮節**，也就是說，這段時間是大腦歷經動盪不安，並建立禮節的時期。青少年子女不會因為自己說話低俗或行為不當感到自豪，他們只不過是無法克制罷了。人類本來就是如此，就和以前的我們一樣。

過了一陣子之後，我再也不會對女兒手足無措，我寧可自己稍微受一點傷，也要試著跟她談開。

青春期孩子，就算有求於人也不懂得要輕聲細語，反而是直言不諱。以前的我會帶著情緒回覆女兒，但現在的我會說：「如果妳想請求別人的幫忙，就要輕聲細語。」如此一來，女兒在說話時也會多用點心。

萬幸的是，媽媽長大了一些，孩子也成長了一點。

07 最重視外貌的時期

韓文裡的「自招災」是「自己招致而來的災禍」的縮寫。我接下來要說的是，有關我自討苦吃的故事。某天我因狀態不好，早早就先跑去睡，而這件事發生在我醒來後，走向客廳之時。

當時時間約莫剛過十一點不久，我才剛起床，還沒完全醒來。此時，女兒發現像殭屍一樣走出房門的我，並跟我說：「媽媽，幫我剪瀏海。」女兒說她懶得去附近的髮廊剪，因此拜託我幫她。

「我身體不太舒服，而且我才剛起床……。」

剪瀏海不需要什麼特別的技術，只要稍微修剪一下即可，平常我都會很爽快答應，但我那天精神狀況真的不太好。

「算了，下次再剪吧！」

女兒說了我最討厭聽到的「算了！」不知為何，這句話在那天的我聽來，特別像是挑釁。

「不是啊，妳為什麼曲解媽媽我的意思？我有說不幫妳剪嗎？時間已經很晚了，妳快點準備一下。」

那時，我應該生氣跑回到房裡才對。就算我狀態不好，剛起床就被女兒冷冰冰的說話習慣給惹惱，我也應該要好聲好氣跟她說：「對不起，媽媽今天真的不太舒服，明天再幫妳剪。」不管女兒再怎麼挖苦我，我那天就不應該答應她。

我喊了兩次要女兒抬頭，但她依然低著頭，而我用殺氣騰騰的手，就這麼把她的瀏海給剪了。喀嚓！啊！我手裡握著髮絲，但悲劇已發生。

「媽媽，妳是不是剪太多了？」

「我肯定是瘋了……。」

「啊，搞什麼？#$#%&%#^$#@%*@！」

我究竟做了什麼事？精神不佳的我，為什麼要答應女兒的請求？事情已經沒有挽回的餘地，我僅存的睡意蕩然無存，後背也開始冒冷汗。沒辦法，我只能懇求女兒原諒我的過錯。

「對不起，真的對不起。媽媽瘋了，對不起。」

女兒看著鏡子，臉色變得蒼白。她既生氣，又覺得無言至極，還開玩笑的說要我賠償。我趴在地上拜託女兒原諒我，她這才卸下了心防。

青春期是孩子最重視外貌的時期，我竟然把女兒的瀏海剪成那樣，即使她說沒關係，我的內心依然覺得像冷凍庫般寒冷。

那天凌晨，我無法好好入睡。一想到女兒的朋友們看到她的瀏海可能會嘲笑她，因為我失手害她出洋相，我總覺得她應該會恨死我。

我不斷祈禱時間能過得快一點，其實我內心真正希望的是，一覺醒來女兒的瀏海便可以像被施了魔法一般突然變長，以此減輕我的罪惡感。當時我想：「我明明就叫她去給髮廊剪，她為什麼要這麼堅持己見。如果怕瀏海被剪壞，那留長不就好了嗎，真是固執。」不過，這些想法顯然毫無幫助。

這段時間以來，我既沒有幫女兒準備制服，也沒有幫她準備上學。但因為我昨晚幹的好事，我幫女兒準備好吹風機，並把她的瀏海整理得漂漂亮亮的。我希望這一切是一場夢，但當我看到女兒短短的瀏海時，我又再度感到抱歉，並一再跟她道歉。然而，女兒卻說：「我都說沒關係了，妳為什麼要一直跟我說對不起？」

這瞬間，我真的非常感謝女兒。媽媽闖了禍，徹夜難眠，她卻能輕易原諒我。更年期媽媽因為青春期女兒的一句話，內心澎湃了一整天。換作是我，如果我媽把我的頭髮剪這麼短，我可能會討厭她一星期。我猜想，女兒是不是已經慢慢從青春期裡走出來了？

慶幸的是，女兒說那一天她聽到了十幾次「好可愛」，還抱怨起她不怎麼喜歡被說可愛。聽著女兒說著這件事，不知為何我的鼻頭有些酸澀。

08 愛意會溜走，要及時說出口

整理相簿時，我發現女兒三、四歲時的照片，我看了許久。女兒三歲的時候，我懷上第二胎，懷孕初期我尚有力氣追著她跑、陪她一起玩，但足月之後，我就承受不了女兒的精力。

我總是很快覺得累，就連坐在遊樂設施旁都力不從心。女兒只知道媽媽那座像山一樣的肚子裡有弟弟，但她沒辦法理解媽媽為什麼不能常常陪她玩，還漸漸變得越來越不耐煩、愛哭。

看著當年女兒的照片，我不禁心酸了起來，不過幸虧老公是女兒在這世界上獨一無二的朋友。即使女兒玩得很開心，中途還是會問我：「爸爸什麼時候回家？」雖然她還不懂時間概念，但只要看到太陽徐徐落下，女兒便知道爸爸快下班了。

當女兒問到第十次「爸爸什麼時候回家？」時，老公就會回來了。當老公打開大門，女兒會發出海豚音，跑去掛在她爸爸的脖子上，老公則會一把將女兒抱住。

到此為止，都是童話故事裡會出現的場景。短暫的美好時光結束後，痛苦還在後頭，接下來老公得要唸故事書給女兒聽。也許有人會問，只不過是唸一、兩本書，有什麼好痛苦的？但你得一直讀，讀到孩子不再拿書過來為止。

讀到孩子滿意，是一件非常辛苦的事情，不過老公從來都沒有拿上班很累或是很餓當作藉口，藉此逃避這段時間。等到女兒說：「爸爸，你不用再讀了。」他才會坐在餐桌前。女兒對老公來說，比世上任何寶物都更珍貴。

另一張照片好像是小學六年級秋天時拍的。當時女兒的青春期還不太明顯，照片中老公跟女兒肩並肩走在路上。女兒不知道對爸爸說了什麼，兩人哈哈大笑，整條路上也充滿她的笑聲。這個畫面美好得令人想落淚，為了久久珍藏這個畫面，我拍了這張照片。

「看我這邊！」女兒轉過身來，朝著我綻開笑顏。這幅散步的光景，有如秋天的天空美不勝收，女兒的笑聲也在這片天空下迴盪著。看著她可愛的照片，我不禁熱淚盈眶，我是如此深愛青春期的女兒啊！

每當我偶爾發現女兒小時候的照片，那天我的心情就會變得很溫和。我總是在想，該怎麼將這份心情傳遞給青春期的她？我看一下時間，現在正好是女兒下課的時間。

啊！對了，那我就點一杯女兒喜歡的珍珠奶茶給她，用這個來代替跟她說「我愛妳」和「加油」。我在通訊軟體打說：「現在是需要糖分的時間！要來一杯珍奶嗎？」青少年子女果然對這個沒有抵抗力，女兒用可愛的表情貼圖洗版對話視窗。

沒錯，媽媽我就是為了討妳歡心才去賺錢的，我的眼淚也忍不住嘩啦啦的落下來。

累的時候，有人說，喝一杯濃郁的三合一咖啡就能獲得力量，而有的人只要吃幾塊黑巧克力，心情就會瞬間好轉。青春期的孩子喜歡QQ軟軟既像年糕又像果凍的珍珠奶茶，想到這裡，我的腦海裡就會浮現女兒喝著珍奶的幸福樣子。

這是什麼樣的心情？明明早上才剛與女兒見過面，卻又開始想她，好像也聽到她發牢騷的聲音，更想起她調皮的笑容，但我不久前才因女兒轉大人哭得要死不活，這份突如其來、令人詫異的愛究竟是什麼？

當出現這種情緒時，千萬不要猶豫，一定要在孩子面前表現出來。縱使早上你們才發生口角，才因為他們粗魯的語氣和叛逆的眼神感到受傷，然而**當愛湧上心頭時，就不要再計較東計較西，直接傳訊息告知妳非常愛他們**。

如果這幾年來，妳一直恨青春期子女恨得牙癢癢的，突然要說出我愛你會令妳雞皮疙瘩掉滿地，實在辦不到的話，那就傳個愛他的表情符號，或是送上滿滿的零用錢，讓孩子打開聊天軟體時大吃一驚。我們對孩子的愛意不知道什麼時候又會溜走，心動不如馬上行動！

過一會兒，女兒傳來可愛的表情貼圖和珍奶的照片，冷清一陣子的對話窗上久違的出現一絲溫暖。即使女兒是因為不用花自己零用錢才這樣，我的心情依然像要飛上天一般，非常開心。這是睽違已久的和平嗎？這是幸福嗎？我跟女兒又稍微更靠近彼此一點了嗎？

第 4 章

親子關係
相愛又相殺

女兒話變少、擺著一副臭臉，急忙吃完飯就回到自己的房間，老公則是覺得女兒沒有禮貌、頂撞自己，所以心情很差。為什麼彼此相愛的人要關上心扉？

01 該不該讓子女養寵物？

女兒升上小學高年級後，一直纏著我買倉鼠給她。女兒其實想養狗，但老公堅決不能在公寓大樓裡養寵物，所以她只能放棄，取而代之的是，她想要買一隻可以住在籠子裡的倉鼠。

但不管倉鼠再怎麼可愛，牠都還是一隻老鼠啊！我為此苦惱好幾天，另一方面又想讓孩子享受養寵物的樂趣，覺得小動物應該也不錯，所以就同意她了。在倉鼠進我們家之前，女兒獨自努力鑽研有關倉鼠的知識，甚至還跑來教我，真是滿腔熱情。

草莓剛來到我們家時白白胖胖、毛茸茸的，我甚至一度懷疑自己是不是買成一隻兔子。其實我買了一公一母的倉鼠，母的叫草莓，體型較大，公的叫巧克力，體型較小，這兩隻倉鼠經常互吵互咬。

我們還因此去詢問倉鼠專家這是怎麼回事，結果得到令人衝擊的回答。專家說，由於母倉鼠太大隻，所以公倉鼠欲求不滿進而變得性格暴躁。但公倉鼠不知道是不是因為壓力太大，早早就死了。當時我還騙女兒說，公倉鼠被其他人領養走。

也許是由於每天折騰自己的公倉鼠不在，母倉鼠得以重新找回活力。草莓的個性溫和，牠會乖乖被女兒柔軟的小手抓著，聽到大門打開或關上的聲音時，也會雙腳站立迎接家人。草莓可愛的樣子，讓老公、女兒，還有原本口沫橫飛說家裡絕對不可能養老鼠的我，都非常疼愛牠。

怕木屑用完、怕食物吃完……我們費盡心思照顧牠，如果要去三天兩夜的家族旅行，也會事先準備好一週分量的食物才能安心。

可是那年夏天，草莓的後腳不知怎麼的斷了。女兒一邊流淚，一邊抱著草莓跑遍所有社區裡的動物醫院。後來，女兒回到家哭著說，因為倉鼠體型太小，獸醫拒絕治療，接著她就在瘸著腿的倉鼠旁嚎啕大哭。

當時，我們不知道原來還有專門治療倉鼠的醫院。女兒每天為草莓擦藥，幾乎快回天乏術的牠，在女兒的細心照顧下，斷腿沒有繼續發炎，且平安無事的癒合了。

又過了兩年，某一天當我看著草莓時，發現牠的眼睛籠罩一層白白的東西。不久前，牠變得不太愛吃東西，行動也日漸緩慢。以前牠只要一聽到女兒的聲音，即使原本在睡覺，也會醒過來在木屑上來回跑動，但現在牠只會無精打采的掙扎著，連水也要送到牠面前才肯喝。據說，倉鼠的壽命大約是兩到三年，這明顯是老化症狀。

草莓一天比一天瘦，也開始掉毛。原本像兔子般毛茸茸的牠，身上的毛髮變得稀疏，就像是剛出生的幼鼠。我們將牛奶和維他命裝在一次性的眼藥水瓶裡，一點點的慢慢餵草莓，牠也仍奇蹟般的繼續活著。

在二〇一五年酷熱的夏天，草莓身上已經連一根毛都沒有了，雖然牠早已瘦到連眼珠都快掉出來的地步，但只要我們叫牠的名字，草莓還是會奮力掙扎，似乎想證明自己還活著。

不過草莓沒能撐多久，在樹葉漫天飛舞的颱風天，夏天的尾聲也一同帶走了牠。早上我還幫草莓換上乾淨的木屑，並放了水和食物，當時我不知道那其實是我最後一次見到牠。下班之後，我一如往常往籠子裡看，草莓已經變得又冷又硬。接著，女兒從補習班回來，看到死掉的草莓。

女兒這段時間以來強忍的悲傷一下子爆發，在我懷裡哭了好久，她人生中的第一隻倉鼠伙伴就這麼走了，我陪著女兒一起到大樓停車場附近的大樹下埋葬草莓。那幾天，女兒只要看到倉鼠用品就會流淚，從那時起，她的性格就有點改變，只不過當時的我尚未察覺這細微的變化。

如今回想起來，女兒好像是從那個時候開始邁入青春期。她明白死亡不是抽象的事物，而是具體存在的事實。倉鼠的死讓她學會離別，並體會到悲傷。就這樣，女兒慢慢成長為青少女。

我想告訴各位的是，當青少年子女想要養寵物時，大人們不要只想著養起來很辛苦，而是要真心真意的去考慮這件事。寵物可以成為孩子說話的對象，也可以是他們分享心情的朋友。

實際上，有很多人表示，在孩子嚴重叛逆時，養寵物反而能增加彼此對話的機會。寵物單純又可愛的行為，一方面可以減少孩子的怒火，另一方面也讓原本尷尬又冰冷的家庭氣氛變得和樂融融。

除此之外，帶寵物回家前，我們可以讓小孩分擔一些責任，好處是使他們了解養育生命是一件多麼辛苦的事。由於寵物過世時心裡太難受，女兒好長一段時間都不想再養寵物，不過，透過這個過程，也能使小孩邁向成為成熟大人的一大步。

02 親子關係相愛又相殺

父母跟子女是彼此憎恨的關係嗎？大部分的人都認為，彼此不應該互相憎恨。但是，你想過為什麼不行嗎？

難道是因為命運天註定？還是因為彼此身上流著相同的血液？如果都不是，會是因為我們已經被洗腦，所以才覺得父母和子女就是這世界上最特別、最受到祝福的關係？不管怎麼說，親子關係確實既奇怪又特別。

在我的認知裡，「無條件的愛」只存在於宗教（如果有皈依的話）。嚴格來說，神跟人之間也存在著協議。如果相信並跟隨神，生命有限的人類，靈魂就可以獲得永遠的安息，或是對這世上包羅萬象的事物獲得深刻的體悟。

親子關係並不屬於宗教，卻應該無條件且單方面給予愛。重點是人們不認為雙親與孩子應該「互相」，而是「本應如此」。這讓我想起二〇一五年以新詩體「殘酷童詩」所創作的〈不想去補習的日子〉[9]。

我不想去補習時，
就這樣，
把媽媽吃掉，
煮著吃、烤著吃、
把眼睛挖出來吃，
把她的牙齒拔光，
扯掉她的頭髮，
把瘦肉煮成湯，
流著淚啃得精光，

最後再把心臟吃掉，
痛苦至極。

這首童詩讓許多人陷入衝擊，我讀完後也不例外。這首詩非常有名，甚至還上了新聞，對韓國社會帶來不小影響。這首詩第一次登上公共電視臺時，所有人都在議論，人們的想法也大同小異。沒想到孩子不想去補習的心情，竟然會出現如此可怕、殘忍的想像，撰寫童詩的是一個只有十歲大的孩童，然而讓她感到最痛苦、最想殺掉的人——就是媽媽。

不過隨著時間流逝，人們對詩的反應逐漸趨於緩和。有些擁護者說，如果不是小孩真的不想去補習，又怎麼會寫出這種詩？她只不過是把自己痛苦到想殺死媽媽的心情，用詩的方式表現出來而已。我聽了幾次這種說法後，也覺得確實有這個可能。

回頭想想，我小時候也曾經討厭過爸媽，也有過不好的幻想。子女們會因父母備感壓力，也可能會因此厭惡，這絕對有可能。但如果寫這首詩的人是我的親生子女，我還能這麼心平氣和嗎？孩子以我為對象，進行如此殘忍的想像，我還能若無其事的接受嗎？

如果孩子讓我備感痛苦，我也寫了一首這樣的詩，人們會用寬容的眼光來看我嗎？「如果不是媽媽帶小孩真的很辛苦，又怎會有這種想法。」他們能這樣理解我嗎？我並不這麼認為。

他們肯定會指責我，覺得身為母親，怎麼可以如此對待自己可愛的小孩，並做出這種令人髮指的想像？所以，即便我有相同的想法，也必須立刻停止想像，告誡自己不可以這麼做。

大家都認為母親必須為子女犧牲，這是理所當然的事。

媽媽就是這樣，不斷給予孩子，給到不能再給時，還會為此感到傷心難過，所以我就算想寫這種詩也寫不出來。縱使孩子惹事生非，讓自己心生厭惡，媽媽們還是會覺得這份討厭是一種罪過，不管哪個母親都一樣，對子女的愛就是如此偉大。

反之，子女長大之後，媽媽也會想從他們身上獲取愛，而偏偏這時孩子卻處於青春期。

成為青少年前，媽媽跟小孩是共同體。一旦進入青春期後，兩人就會慢慢疏遠，他們也會放開媽媽的手，就像是永遠無法交錯的鐵軌一樣。

青春期子女與母親之間的關係依然成謎，等到這時期過後，孩子長大成人，雙方的關係又會發生變化。父母對青少年子女唯一的寄望是——**什麼都忘記也沒關係，但千萬不要忘記我們有多愛你。**

03 要學會「說不贏」

這是幾年發生前的事了。看似晴朗的天空突然烏雲密布，下起一場雷陣雨，難怪剛剛從遠方飄來雨和灰塵的味道。

老公對於這場出乎意料的陣雨感到高興。當時他正好在吃著南瓜餅，這種天氣最適合再配上一杯馬格利[8]。窗外細微的水珠打了進來，窗邊的植物們搖搖晃晃的跳著舞，好像夏天在噴水池裡玩耍的孩童。突如其來的

8 編按：又稱農酒，是韓國一種用大米發酵而製成的濁米酒（醪醴）。韓國人一般在吃各種煎餅時，會配以馬格利米酒。

雨勢，讓不管是喝著馬格利的老公，還是和雨水相遇後手舞足蹈的植物，都變得更有興致。

但這場雷陣雨卻下得我膽戰心驚。兩個小時前出發去補習班的女兒曾問過我：「媽媽，等等不會下雨吧？」而我回答說：「嗯，好像深夜才會下，妳應該可以不用帶雨傘。」就算我現在帶著雨傘出門，趕到補習班時也已經太遲了。我只希望，女兒回家之前不要再下雨了。不出所料，女兒打開家門便開始抱怨。

「媽媽！我剛剛不是問妳，我要不要帶雨傘嗎！」

「剛剛的天空看起來真的不會下雨啊，天氣預報也沒說會下。」

我滿腹委屈，聲音逐漸變小，女兒的聲音則變大。

「那妳應該說妳不知道啊！」

「我哪知道什麼時候會下雨？妳老是在滑手機，沒看到天氣預報說會下雨嗎？」哼，氣死我了。

女兒回家之前，那個擔心孩子淋雨的媽媽跑哪去了？我儼然變成一個壞媽媽，對著被雨淋溼的女兒說出難聽的話。其實，我也很想堵住自己的嘴，真的沒有打算要說這些話。我明明看了這麼多書，聽了這麼多講座，還透過冥想練習調整心態，也不知為何自己不能好好說話。

傍晚下起雷陣雨時，有人沉醉在下雨所帶來的情趣之中，有人則是在擔心女兒，結果還因此掃到颱風尾。雖然這件事看似很日常，但這個情況往往會讓情緒無法好好被梳理。

描述這件事時，我這才發現，自己跟女兒說話的方式大有問題。實際上，女兒當下並沒有要攻擊我的意思，這只是一般的對話，她其實也只是想跟媽媽抱怨。當時我如果能把女兒的怨言吞下肚，用以下方法回答女兒，那該有多好，但為什麼這些話這麼難說出口？

「對不起，天氣預報真的沒有說會下雨。我本來想出去接妳，不過那個時間點妳已經在回家的路上。好在妳沒有淋太多雨。下次妳可以先打通電話給我，我會帶著雨傘去接妳。」

金凡晙是韓國溝通專家，同時也是三個孩子的父親，他在著作《父母不讓子女受傷的語氣》[10]提到，他希望爸媽可以稍微禮讓子女。

意志消沉的青春期孩子，本來就已經在這世界上遇到許多阻礙，而父母應該要做的是，習慣「說不贏」。當我和女兒溝通不順利時，這篇文章像是給了我答案，讓我眼睛為之一亮。好，那我也來練習看看。

像上述那種情況，當女兒問我要不要帶傘時，我應該說：「媽媽覺得可能不會下雨，妳覺得呢？」（如果那本書說的是對的話）女兒則會回答我：「我也不知道，還是我把傘帶著？」那麼，我就可以順勢跟女兒說：「好啊，雖然有點重，但妳還是帶著吧！」這樣就行了。

可是現實並沒有這麼符合系統與邏輯，這擺明是一道陷阱題。實際情況是，當我說：「媽媽覺得應該不會下雨，妳覺得呢？」女兒會不耐煩的回答道：「我知道的話還要問妳嗎？」

跟青春期子女對話，依舊是一件難事。

有的時候，大人也會因小孩冷淡的語氣，或是因他們忽略自己所說的話而受傷。雖然我們身為父母、身為大人，但不代表我們就不會受傷。就算知道、理解，我們失落的心情也不會因此減少，比起在職場上受傷害，從心愛的兒女身上受的傷反而更痛、更久久無法褪去。

跟青春期子女相比，父母唯一的優勢就是，我們比孩子更能撐、更能忍，即便沒辦法獲得想要的答案，還是會堅持下去。

如果有時孩子說話太過尖銳，讓自己太痛苦，請直接將內心想法告訴他們。帶著真心誠意，用最溫柔親切的語氣說，妳這樣說話會讓媽媽很傷心，每次都會很想哭。

縱使對方是自己的親生兒女，要說出心裡話還是會讓我們感到彆扭和不好意思，我也是如此。剛開始和女兒對話時，只有我一個人淚流滿面，我感覺自己根本不認識眼前這個人。

女兒小時候的要求很明確，感情也很外顯，我不可能不懂她，身為媽媽的我，即使嘴上不說，我也能知道她在想什麼，我就好像是隔著透明玻璃窗看著她的需求，對她的想法瞭若指掌。

然而，當女兒開始轉大人後，我根本無法從表面上看出她在想什麼，也不知道她現在有什麼情緒。青少年子女的內在，就像是發生宇宙大霹靂一樣，連她自己都搞不懂。這是一段非常時期，只不過是身為媽媽的我還沒能適應罷了。

想和青春期的孩子對話，方法其實很簡單，只要父母改變語氣即可。不漠視、不隨意責罵、不強求、給予力量、給予安慰，為其帶來夢想和信任等，只要用這種語氣說話就可以了。

但是，這真的容易做到嗎？

04 青春期就像滂沱的雷陣雨

女兒正值叛逆顛峰之時，我曾帶著她和小兒子跟團去越南旅行。不同的是，這次不是釜山或麗水等國內行程，而且孩子倆的爸爸也不在身邊。我雖然有些害怕海外旅行，但畢竟這是我跟孩子們之間彼此互信才決定出發的旅程。

因為是跟團出遊，所以只要聽從導遊指揮，叫我們看我們就看，叫我們吃我們就吃，回到飯店後，可以洗個澡、看個YouTube或睡覺。

也許是內心的不踏實感和興奮感，我總是在鬧鐘鈴響之前就睜眼。在孩子們一如往常熟睡的凌晨時分，我鼓起勇氣離開飯店，走在晨霧瀰漫的越南街頭。

我穿越機車海，遊走在不同的街道上，並找到一家猶如沙漠綠洲般的街頭咖啡廳。越南人三三五五坐在看起來不太舒服的小椅子上，安靜的喝著裝在小咖啡杯裡的濃縮咖啡。我雖然想立刻走進咖啡廳，跟對方說「請給我一杯咖啡」，但我沒能鼓起勇氣，便轉身回到飯店。

第二天，我又在相同時間醒來。我跟昨天一樣走出飯店，漫步在晨霧瀰漫的越南街頭，接著我走進那家露天咖啡廳，用不熟練的英文點餐。

老闆問我：「Hot? Ice?」哈哈哈，這點程度我還是回答得出來。

「Hot one. Ice one.」老闆微微一笑，給了我兩杯咖啡。

我跟越南人一樣，坐在不舒服的椅子上喝咖啡，無憂無慮的看著路上來來往往的摩托車。該怎麼形容那杯咖啡的味道……這是我第一次喝濃縮咖啡，竟然完全不覺得苦，甜甜的餘味非常迷人。

最後一天的行程是逛完景點後，搭乘夜間班機回到韓國仁川機場。那天我比平時更早起，並去到那家咖啡廳。我跟昨天一樣，各點一杯熱咖啡和冰咖啡，同樣坐在不舒服的椅子上啜飲。忽然間，我眼前一片灰濛濛，耳朵裡傳來嘈雜的雨聲，當地人說這叫「颮」[9]。

原本看似不會下雨的天氣，卻遇上突如其來的颮，令我十分驚慌。颮的出現，讓摩托車停擺，也讓行人停下腳步。看著這副光景，我突然落下淚來。我的眼淚就像颮一樣，沿著雙頰不斷滴落，跟著颮同步哭泣。然而，還來不及等我收拾好眼淚，颮卻戛然而止。剛剛在我面前的大雨滂沱，也像謊言般停止。

出來旅行前，我每天都和女兒發生情緒衝突，十分疲乏。幾個月前，小兒子突然發生重大事故，我的內心狀態非常疲弱，但是看著越南凌晨時分突然下起的那場颮，那一瞬間我好像被療癒了。

颮落下的時候，整個世界宛如要被淹沒，但隨著雲層散去，我想起撫

9 編按：具有突起、持續時間僅數分鐘（至少兩分鐘）、風速驟減等特徵的強風。有時亦指整個強烈的地方性風暴，包括風、雲、降水、雷及閃電。

養孩子的過程中，那些疲憊不堪的時光。在陌生的異國他鄉，跟不認識的人坐在一起，我內心的傷痛竟被撫慰了。

回想起來，我自從進入大學之後，就一直很努力在適應社會生活。接著，我遇到一個男人，和他結婚生子，為了照顧孩子忙得不可開交。雖然過去有很多美好時光，但每當回想起過往，我總是會想起那些辛苦又疲憊的回憶，並感到心酸——賺錢好累、結婚好累、養孩子好累、產後憂鬱症也好累。

女兒進入青春期後，過去那些明明在意卻假裝沒關係的想法，反倒被女兒給翻了出來。想被愛、想被肯定、想要有人安慰、想要有人為我加油，告訴我「妳已經做得很好了，以後會更好」等諸如此類的想法。

這些想法從好久以前就已經存在，所以我很認真的活著，本以為只要努力生活，就會有人來填補我的缺憾。經歷過與青春期女兒的矛盾，隨著我思考的時間越來越長，這才發現，原來我的這些想法不是只要努力和等待就會自行實現。如果我想朝著這些想法邁進，就得像女兒一樣，大聲吶喊：「請照顧我、請傾聽我。」

青春期不只對孩子很重要，對媽媽來說也很重要，特別是對兒時沒有好好經歷過這段時期的母親更是如此。

人生是什麼？家人是什麼？孩子對我而言是什麼？具有什麼意義？愛與幸福是什麼？上了年紀是什麼？怎麼變老才好？這是一段思考的時期。如果沒有歷經過這些煩惱，只是渾渾噩噩度過更年期，並直接進入老年，那麼我的晚年生活又該有多悲哀啊！

青春期很快就會過去，就好比是我在越南清晨時分遇到的那場颱。如果女兒當時選擇自己默默痛在心裡，絲毫不露聲色，那麼我們都不會為了理解彼此而奮翅高飛。

所以說，**當孩子頂撞媽媽，對媽媽冷淡，因大小事情起衝突時，就暫時躲開這場雷陣雨直到雨停為止**。等待期間，別忘了留一份從容，喝一杯清香的咖啡。

05 擁抱小確幸

女兒青春期正嚴重之際，我也剛經歷更年危機。女兒突如其來的行為變化，讓我非常受傷，同時我還必須面對不夠成熟的自我，這件事遠比我想像中更痛苦。我雖然努力想裝大人，卻好像喚醒並觸動我內在還沒長大的小孩本性。我想盡可能不表現出自己尚未成熟的那一面，而我也不希望讓任何人看到，過了不惑之年的我，還依然搖搖欲墜的樣子。

有件事在遙遠的前方等著我。我一步一步朝著它走去，然而我卻不知道，這件事會發生在我身上。它就像娑羅樹下的印度小偷，雙眼發亮，正在等著我的到來。而我卻什麼都不知道，只顧著忙別的事。

每個人都會有這樣的一瞬間，等到事情發生後，我們才意識到，這件事從很久以前就在那個時間、那個地點等著自己。那就像是一場宿命，經歷過這件事之後，沒有人能再回溯到過去。

上述這段話截取自韓國詩人柳時和的《地球行星的旅者》[11]。這段文字像是眼睛會跟著人移動的神祕畫作，不管什麼時候、在哪個時機閱讀，都彷彿在訴說我當下的模樣。

我跟老公談戀愛然後結婚，我認為，之所以會遇到這個男人並跟他攜手走入婚姻，是一種命運；生孩子時，我覺得這個小孩沒有選擇別人而是選我當她的母親，是一種宿命。雖然我們都不記得，但這就像是許久以前就已經註定好的緣分。

這段文字當然不是柳時和專門為我量身打造的。這本書記錄他去印度旅行途中，所遇到的那些命定之人、發生的各式各樣事情，並讓他從中獲得人生體悟。

誠如它的書名所述，所有來到地球上的人們，都是這本書的主角，我是如此，不理解我的想法，總是對我很冷淡的女兒也是如此。

我反覆朗誦和閱讀書中這段文字好幾次：「父母與兒女是早就定好的緣分。」

❀ ❀ ❀

「我們會成為家人不是偶然，而是注定再相遇的宿命」，這個想法成為了使我不再為青春期女兒所苦的契機。此時，我看的一部科幻電影《異星入境》，又更加深了我對於命運論的看法。

該部電影講述身為語言專家的主角，了解為什麼外星生物會搭乘飛行器突然造訪地球的過程。除了能接觸到外星生物以外，這部電影還有一個非常重要的議題——媽媽對孩子的愛。

主角在不知道是現實還是夢境的影像中，看到年幼女兒的成長過程，以及她進入青少年時期的樣子。當女兒的生命正在因病凋零時，主角卻只能在一旁悲傷的看著她。

至於主角為什麼可以看見自己的未來，以及未出生的女兒之死，我就不暴雷了。重要的是，當主角看見心愛的女兒會因病去世時，她做出了什麼樣的選擇。

看到這一幕時，我的內心好像有什麼東西被引爆，淚腺的開關也隨之開啟。主角雖然知道未來會發生什麼事，但她依然選擇與女兒相遇。深愛女兒的主角，擁抱著這份痛苦的記憶，想要再愛她一次。

我非常討厭女兒進入青春期後，對我的冷酷和冷漠，因此我在看這部電影時，哭得淚流滿面。我過去之所以會討厭女兒，是由於我給予她太多的愛，才會如此受傷和失望。

當年的我，因女兒心力交瘁，所以這本書和這部電影，才能更加觸動到內心深處。我每天都和女兒吵架，內心備感煎熬，甚至整天都想哭，但我也和電影主角一樣，即使知道會發生這些過程，我依然會選擇再次與女兒相遇，並且深愛著她。

即便我如此愛女兒，青少年時期的她依然使我疲憊不已。每當女兒回到家，她都會直接回到房間，沉浸在自己的世界裡，我問她事情，她的回答都很簡短，行為舉止也極度冷漠。

然而，我已經不是從前的我，而我也不再討厭青春期的女兒。

現實比小說跟電影更美好之處在於，青春期會隨著時間過去，然後慢慢消失，並不會發生悲劇。雖然日常生活沒有戲劇性的事件，也不會有動人的結局，但青春期女兒與更年期媽媽，每天都可以擁有小確幸。

06 女兒轉大人，父母也重生

女兒在轉大人的同時，我們夫妻倆也跟著重生。自從女兒變得不再愛撒嬌、冷漠後，我們才終於認知到自己原來有這樣的想法、心態和人生觀等，形容為重獲新生應該也不為過。

我原本以為，光是闡述青春期女兒的故事，就會寫出一本跟磚頭一樣厚重的書。本來想寫下女兒的惡形惡狀，結果每次的結論都是雙親無知、過度關心、不懂如何扮演好父母的角色等，才會導致這些情況發生。

寫書的過程中，我也懷疑過自己這是對的嗎？不過，其實還有其他原因，才會造成我們跟青春期女兒在日常生活上的相處變得如此困難重重。

在此我想跟各位聊聊，女兒小時候的故事。

女兒出生的那一天，老公先去嬰兒室看她。回到病房時，老公面帶驚訝的說，孩子比他想像和預料的更醜。我既無語又生氣，我問老公說這些話的標準是什麼，他竟然回說：「雜誌和媒體上的嬰兒都白白嫩嫩的，很漂亮。」

我告訴他，那是因為那些嬰兒都已經出生一陣子了，而且拍攝當下有打光，而我們女兒安穩的在溫暖的羊水裡浸泡了十個月，今天才剛抵達地球，兩者不能相提並論。

我也是第一次看見新生兒，真的不知道該怎麼形容孩子剛出生的樣子才好。之前我以為我的肚子大得快要爆炸，幸好沒有，我撐過來了。女兒在我大大的肚子裡成長茁壯，宏亮的哭聲就是她健康的佐證，她成為我們夫婦的第一個孩子。

然而，女兒跟老公的擔心不同，不僅長得漂亮，個性又愛撒嬌，但她很會哭鬧，所以我必須一直背著她入睡，她也不愛吃飯，每吃一餐都像是在打仗。當時的我們常在想，原來這就是生孩子的樂趣和幸福啊！

老公下班後，女兒總是會跑進他的懷裡，他也會為了女兒延遲吃晚餐的時間，讓女兒坐在自己的膝上，並為她朗讀童話故事，讀到滿意為止。

喜歡看書的女兒，把已經跟我讀過的書，又拿去給爸爸再讀一次。爸爸用低沉的嗓音唸著童話，這樣會讓故事內容聽起來比較特別嗎？當時的我，以為這樣的幸福可以持續很久。

但是當女兒升上小學高年級之後，就變得很「省話」。到了國中，我一度覺得她不是我以前記憶裡的那個孩子，我一度懷疑她是不是隔壁鄰居家的小孩，怎麼會令我感到如此陌生。

不過，至少她每天都跟身為媽媽的我吵吵鬧鬧，我們的關係還不算尷尬，而女兒跟老公並沒什麼相處的時間，就連偶爾一起吃晚餐，他們倆之間也充斥著不自在，甚至讓我覺得他們根本就不是父女。

讀了幾本有關青春期教育的書籍後，我才知道這段時間是最適合跟孩子對話的時機。因此，我會趁著晚餐時間，詢問女兒各式各樣的問題，並試著跟她聊天，幸好女兒也盡力用最冗長的表述方式回答了我。但女兒的爸爸幾乎聽不懂孩子們的流行語，有些話猛然一聽還很像髒話，跟女兒的對話最終也畫下休止符。

此時，我長嘆一口氣，因為老公中途打斷女兒的談話。「我錯了，我不小心用平常在學校跟朋友說的流行語和髒話，我會盡量不再使用這些措詞。」我當時心想，難道他期望女兒這樣回答他嗎？

讀到這裡的父母們應該都知道，我們家後來的晚餐會變成什麼德性。女兒話變少、擺著一副臭臉，急忙吃完飯就回到自己的房間，老公則是覺得女兒沒有禮貌、頂撞自己，所以心情很差。為什麼彼此相愛的人要關上心扉？

老公以為自己是一個很懂得自我節制[10]的人，但其實他只有在非常有限的條件下才有辦法。在外人面前，或許他可以避免展現自己，或是直接和對方大吵一架，但對於每天都要見面的家人來說，這根本行不通。老公的自我節制力無法能屈能伸，反而讓他的處境變得更加艱難。

女兒的青春期，開啟老公的憂鬱期。如果女兒沒有經歷這時期，老公也許一輩子都不會知道自己有這方面的情緒。

也就是說，當我們和女兒發生預料之外的事件時，才會對自己的言行舉止感到驚訝和失望。隨著這類的經驗越來越多，我慢慢開始學會如何與女兒相處，也逐漸了解青春期這個新世界。

突然長大的女兒雖然讓我過了好幾個淚流滿面的日子，但從另一方面來看，這段時間也讓我有更多機會思考和理解孩子的想法。不過這段辛苦的時光，依然是現在進行式。

10 編按：意指自我控制、約束或監控我們的意志、情緒、理智和行為，即使與自己的意願相反，仍選擇做正當的事。

07 當媽之後才學當媽

女兒處於青春期頂點時，我每天以淚洗面，她冰冷的言行舉止，讓我的內心滿是惆悵，忍不住潸然淚下。特別是看到女兒小時候的照片或影片時，因為太懷念過去，斗大的淚珠總是撲簌簌落下。

在我的記憶中，女兒的好奇心很強，每天都在問問題，一直要求我唸故事書給她聽，印象裡那個愛撒嬌的她，依舊如此鮮明。然而，面對現在在我面前面不改色的青少女，不管時間過得再久，我都還是難以適應。

我總是會對女兒的言行舉止，一再感到生氣和失落。

女兒小時候很難帶，她很愛哭、不愛吃飯，動不動就得肺炎，還會因為復原狀況不好而住院。看著偌大的點滴打在女兒小小的手背上，如果她嚎啕大哭，抱著她的我也會跟著哭。

女兒睡著後，我會握著她的手，小孩生病，媽媽比孩子更難受，我每天哭成淚人兒，更數度希望能代替她生病。

女兒住院，我自然也吃不下，我在醫院的陪病床上睡了一週左右，出院時身體好像有千斤之重。雖然每天都很疲倦，但根本沒時間休息。媽媽把自己的人生奉獻給小孩，母親給的愛有多少，孩子就會成長多少，所以不能休息。

女兒上小學後，我雖然比較輕鬆，但美好的時光卻總是過得太快。升上高年級之後，女兒的眼神變了、氛圍也變了，我知道是青春期來了。女兒隨時都會有新的變化，她沉浸在自己的世界裡，而我依然還在做心裡準備。

起初，我們因小事發生摩擦，後來幾乎所有事都會引爆衝突。女兒的青春期特質正式外顯時，我如履薄冰，不知道這份日常何時會被打破。

我希望女兒做的事，她不做；我不希望她做的事，她偏要做。我讓女兒坐下，教導她、告誡她、說服她、勸導她，後來又再加上附加條件，如果不遵守就加以斥責。

不過，在孩子叛逆期最活躍的時候，怎麼罵她都沒有用。父母勃然大怒，在孩子面前大吼大叫，然而他們卻只是瞪大眼睛看著。看到子女這副德性，大人們理智盡失，進而說出絕對不能說的話、做出絕對不能做的事，事後又感到後悔，向對方道歉，然後類似的事不斷重蹈覆轍……。

當時，我最害怕的就是面對女兒的反應。看到她對父母毫無畏懼的眼神，我總感覺她不把我放在眼裡，好像是在跟我挑釁說：「妳有什麼了不起的，憑什麼這樣跟我說話？」

女兒面無表情的盯著我，我感覺她好像不是當年那個使我夜不能寐，細心照料過的女兒。一想到這時期的她，我就會陷入這種心境，即使是現在的我回憶起過往，也還是會不自覺落淚。

我不太清楚當時為何所有事都這麼苦，難道我想要養一個一聲令下，就會像機器人一樣行動的孩子嗎？還是我希望她跳過成長過程，直接成為一個理解父母的大人？

青春期是讓他們從幼蟲成為蝴蝶的蛹期，蛹必須在同一個地方長時間堅持下來，才能夠羽化成蝴蝶。待在蟲蛹裡的子女，自己都已經夠悶、夠辛苦了，還要忍受父母的催促，這段時間他們過得該有多累啊！

女兒跟我說，那段日子是她最痛苦的時光。她也不懂自己在想什麼，希望大人們可以給她空間，但爸爸和媽媽卻一天到晚問她怎麼了。有些事她希望父母可以裝作不知道，然而爸媽卻硬是把這件事情搬出來謾罵，因此她曾一個人暗地痛哭。在孩子心裡，這時期應該也充滿苦澀的回憶。

女兒出生後，我下定決心要成為一個像朋友般的母親，卻沒料到這件事如此困難。媽媽跟孩子想要成為那種關係，搞不好必須等他們長大成人才有可能。

當上媽媽之前，我以為小孩的成長過程非常短暫，老實說，我從未想過青春期如此漫長、艱難。我度過一個近乎瘋狂的青春期，而我卻覺得女兒不費吹灰之力輕鬆克服這階段，「只許州官放火，不許百姓點燈」，說的可能就是我的寫照。

女兒還小的時候，我飽受產後憂鬱症所苦。我常常這樣自我折騰道：「女兒這麼可愛漂亮，身為媽媽的我為什麼會感到疲憊？難道我是一個母愛不足的母親嗎？」

把六歲和三歲的子女哄睡後，我會坐在客廳哭上半晌，收拾亂七八糟的玩具時會流淚，急急忙忙把飯泡進冷湯裡吃的時候也在落淚，當時的我並不知道這就是產後憂鬱症。

我每天跟在小孩身後照料他們，身心俱疲。我雖然知道，照顧兩個孩子會很疲勞，但我認為，我心累是由於母愛不足或是不夠愛他們。疲憊感使我淚流不止，不過我依然覺得哭泣好像是在彰顯我是個不夠格的媽媽。

這件事情連我老公都沒有發現，因為我總是暗自哭泣。

從那時起，我會背著孩子看書。在圖書館裡，除了給子女們看的童書，我也會借幾本自己想看的書籍。孩子們睡著時，我會趴臥在他們身旁看書。

讀著書，我好像就能進入另一個世界、另一個時空，有時還會成為不同的角色。就這樣，看著看著，我的憂鬱症好像稍微好了一些，自我折騰的次數也隨之減少。

環顧我周遭，有些媽媽很享受育兒，有些媽媽則是因育兒太過辛苦而感到疲累，但只要看到可愛又漂亮的孩子，她們就又會充滿力量、幸福滿點，我認為上述這些媽媽都很幸運。

跟我一樣，沒辦法從小孩身上獲得安慰，必須從其他地方得到慰藉的媽媽們，都很羨慕這群媽媽們。但能確定的是，我們愛孩子的心都不變。

想要得到什麼，就得付出相對的努力。如果我想要成為像朋友一樣的媽媽，就必須付出一定的心血才有可能達成。

孩子還小時，我因她的年幼感到疲憊，等到孩子長大後，我又因她的青春期而身心俱疲。不過，能感覺到累，就表示我正在做點什麼，也代表我已經做得很好。因為一個尚未成熟的人，是絕對無法輕易完整另一個人。

08 人不瘋狂枉少年

某一天，女兒突然變了，這是更年期媽媽最大的混亂與危機。原本愛撒嬌、好奇心強、問題很多、個性善良、聽話的女兒，一夜之間變成完全不同的孩子。

女兒不想參與我們家例行性的暑假之旅，外食的時候，如果她提不起勁，就只想一個人待在家。週末時，她幾乎只關在房裡，爸媽講話也不予理會，她雖然偶爾會開口，但對我們說的話卻滿滿都是刺。

剛開始，我不知道這是怎麼回事，還會唸她、哄她，也嘗試過各種威脅和勸誘。但不管用什麼方法，女兒的行為看起來都像是想遠離父母。

第一次感受到女兒這種變化時，我數度喘不過氣，開始哭了起來。這段時間以來裝作若無其事的所有事情，好像被什麼東西給絆住一樣，逐漸開始變得寸步難行。

洗澡、吃飯、睡覺等，都不再為爸媽隨心所欲。這時，我才感覺到自己真的在帶小孩。小時候幫女兒換掉沾滿大便的尿布、忍受她哭鬧、餵她吃副食品……這些跟青春期比起來根本微不足道。

我不能理解為什麼小孩會對媽媽有敵意？她明明知道我願意為了她赴湯蹈火，為什麼言行舉止就不能再更親切、更體貼一點？為什麼她不知道我也會受傷、也會身心俱疲？

被女兒傷害的那天，家人們入睡後，我一個人呆坐在客廳，看著月光下的影子，這段時間以來所忍住的淚水不禁奪眶而出。為了不吵醒家人，我安靜的用兩手遮住了臉，淚水連綿不絕。

讓我獨自在深夜漆黑的客廳裡哭泣的人，竟是我最愛的孩子。即便懷孕和帶小孩的日子都很辛苦，但愛護子女的心依然不會改變，就算萬物皆變，只有這份心意絕對不變，為什麼孩子就是不懂媽媽的心？

我曾經想過，女兒是不是被外星人綁架了？他們是不是在我家放了一個我不認識的孩子？我的小孩並沒有變，只是迎來了一個個性完全不一樣的小孩。

所以，我的女兒並沒有頂撞父母，只是這個外來的孩子本來就不太喜歡幼稚的水上樂園，也不喜歡在吵雜的場所吃飯，喜歡一個人靜靜的看書或玩遊戲，而且表達方式也非常簡潔。

這個莫名其妙的想法，意外適合拿來理解青少年子女。如果可以轉念告訴自己：「孩子蛻變成青少年的過程，不是一步步慢慢進行，而是一夕之間突然重生為新的人格。」那麼，我好像就能稍微了解青春期孩子正在面對多麼混亂的狀況。

讓我們再發揮一下想像力。如果孩子某天睜開眼睛，發現世界變了，她的想法也會跟著改變。

對於小孩來說，她沒辦法再穿上那些幼稚的衣服，不能忍受別人把她當成孩子，對她指指點點。她不能理解為什麼她不喜歡讀書，但大人卻一再強迫她。她只是不想笑，旁人卻總是問她是不是在生氣。當她只是說話稍微不帶情緒，又會被問到是在不爽什麼。

她連自己為什麼出生、該怎麼繼續生存下去都不知道，世界卻要她像個大人一樣，為自己的行為負責。

我們常說人有「癲狂總量法則」[11]，也就是說，在每個人的人生中，發瘋的時間是有限的。首先，「癲狂」這兩個字讓人聽了很反感。雖然我們平常就會用到這個字，不過我不太確定這個字準確的意思。我去搜尋了一下，癲狂指的是「胡亂喧鬧且毫無分寸的行為」。

我認為青春期很適合這兩個字，如果跳過這階段直接成為大人，就算想瘋狂，也沒有機會了（然而有些人即使上了年紀，也還是堅持瘋狂）。

起初，看著青春期的女兒做著胡亂喧鬧且毫無分寸的行為，我感到非常憤怒，後來我開始對自己生氣，不知道身為媽媽的我到底做錯了什麼。

綜觀整個人生，除了孩子，再無第二個人能讓我灌注如此多心血、犧牲自己、給予愛。就像某位嘻哈歌手的歌詞所說，我付出青春，把小孩捧在手掌心，然而當他們對我的言行舉止充滿敵意時，將會對我的內心造成無法治癒的傷痕。如果有專門治癒內心傷口的藥膏，我一定會厚厚的塗上一層，我心痛的程度就是如此。

今晚，在某個人家的漆黑客廳裡，一定又會有某位因青少年子女而受傷的母親，正在痛哭流涕，如同過去的我一樣。假如我是那道月光，我想要輕輕擁抱這位媽媽，拍拍她的背，陪著她一起哭。

我想告訴她：「妳已經做得很好了。青春期孩子心中並非這樣想，只不過他們做不出貼心的行為、說不出好聽的話，請不要放在心上。」

只要媽媽愛小孩的心沒有改變，只要媽媽一直用真心誠意對待他們、耐心等待，總有一天，深刻經歷過青春期的孩子，一定會回頭擁抱正在哭泣的媽媽，也一定會感謝我們的愛與等待。

---

11 編按：出自韓國作家金斗植的著作《即使不便也沒關係》，指人生中要瘋狂的額度早有定數。

後記
媽媽不要哭，一切終究會過去

女兒上國中後，青春期不是慢慢到來，而是像可怕的颱風一樣席捲而來，我的心因為她叛逆的眼神、粗魯的語氣、沒有禮貌的行為受到傷害，在家人都已經睡著的凌晨時分，我一個人坐在客廳的角落暗自哭泣，熬過了這段時光。

女兒嚴重叛逆之際，每當她補習完回家，我便會心跳加速、焦躁不安，我太害怕看到她臉上充滿不悅的表情。女兒就像是我的冤親債主。我看著她的臉色，深怕不知何時又會說出什麼帶刺的話語，同時，我也受不了自己必須看孩子臉色的行為。

我害怕自己對女兒嘮叨，反覆碎念相同的事，所以她待在房間裡時，我會避免去看她在做什麼。我更討厭不小心和女兒發生爭執後，家裡的氛圍變成冰天雪地的時候。

我之所以如此怕女兒，竟然是因為我太愛她。看著女兒生氣的樣子，看著我對她感到失望的樣子，我悲不自勝、心如刀割。

當時，我最常對女兒說的話是：「只要妳需要幫助，媽媽我隨時都準備好，不要把我當成敵人，我的心永遠為妳敞開。」這句話是真心的，我不知道女兒對別人怎麼想，但我希望她可以對身為媽媽的我敞開心扉。

我很討厭這時期的女兒，她總是冷酷無情又傷我至深。當年我懷上女兒時，開心到熱淚盈眶，孩子出生後的每一個小動作，都讓我感受到偌大的幸福，我比世界上任何人都還要更愛她，而且這份愛絲毫沒有減少。女兒在經歷青少年時期時，我好像也非常努力想把這個訊息傳遞給她。

專家說，**青春期是「孩子了解自己的存在有多珍貴的過程」**，我非常認同這句話。小孩長大後，能否認知到「自己是被愛的」，以及能否以正向角度看待自己等，取決於青少年時期大人們對待他們的方式，並且會造成深遠的影響。

因此，父母不能因為子女處於此階段，使自己感到身心疲憊，就跟著孩子一起雞飛狗跳、虛度光陰。

最後，我想對正因孩子轉大人，為此哭泣的媽媽們說，世界上所有的一切都會改變，這是理所當然的。當小孩極度叛逆時，我們總是擔驚受怕、夜不能寐：「他們會不會永遠都是青春期？我們的關係會不會永遠都像仇人？」

然而，青春期一定會過去，因此我希望各位媽媽不要再哭泣，把牛肉烤得香香的，飯吃得飽飽的，按時吃吃紅蔘，也去看看電影。別忘了，媽媽是這世界上最堅強的人！

參考文獻

1. 《我以為我是一個好媽媽》，安傑林・米勒（二〇二〇年），Willbooks。
2. 「未經同意為何生下我……向父母提告的男子。」，中央日報（https://www.joongang.co.kr/article/23355815），（二〇一九年二月九日）。
3. 「青少年的大腦，對別人的言談比對媽媽的言談更敏感。」，朝鮮日報（https://n.news.naver.com/news/article/023/0003688628?Sid=105），（二〇二二年四月三十日）。
4. 《爸爸不懂青春期》，李美馨、金成俊（二〇一九年），午後之書。
5. 《青春期衝擊》，李昌昱（二〇一四年），美味之書。
6. 《青春期的大腦很危險》，金永華（二〇一一年），Happy Story。

7. 《妳親身經歷過更年期嗎？》，李賢淑（二〇二〇年），Vitabooks。
8. 《孩子的壓力》，吳恩永（二〇一二年），熊津生活之家。
9. 國小生的殘酷童詩，十歲女童說出令人吃驚的話：「『不想去補習的日子』，就把媽媽吃掉。」，News Inside（http://www.newsinside.kr/news/articleView.html?idxno=318809），（二〇一五年五月十七日）。
10. 《父母不讓子女受傷的語氣》，金凡晙（二〇一七年），Apple Books。
11. 《地球行星的旅者》，柳時和（二〇一九年），煉金術士。

國家圖書館出版品預行編目（CIP）資料

青春女兒，更年媽媽，誰先成熟：青春孩子與更年爸媽，相愛又相殺？這裡有彼此理解、幸福度日的方法／南炫州著；蔡佩君譯. -- 初版. -- 臺北市：大是文化有限公司, 2024.05
224 面；14.8×21 公分. --（Style ; 89）
譯自：사춘기 딸 갱년기 엄마는 성숙해지는 중입니다
ISBN 978-626-7377-84-0（平裝）

1. CST：家庭關係　2. CST：親子關係　3. CST：青春期　4. CST：更年期

544.1　113000266

Style 089

青春女兒，更年媽媽，誰先成熟

青春孩子與更年爸媽，相愛又相殺？這裡有彼此理解、幸福度日的方法

作　　者／南炫州
譯　　者／蔡佩君
責任編輯／許珮怡
校對編輯／黃凱琪
副 主 編／蕭麗娟
副總編輯／顏惠君
總 編 輯／吳依瑋
發 行 人／徐仲秋
會計助理／李秀娟
會　　計／許鳳雪
版權主任／劉宗德
版權經理／郝麗珍
行銷企劃／徐千晴
業務專員／馬絮盈、留婉茹
行銷、業務與網路書店總監／林裕安
總 經 理／陳絜吾

出 版 者／大是文化有限公司
臺北市 100 衡陽路 7 號 8 樓
編輯部電話：（02）23757911
購書相關資訊請洽：（02）23757911 分機 122
24 小時讀者服務傳真：（02）23756999
讀者服務 E-mail：dscsms28@gmail.com
郵政劃撥帳號：19983366　戶名：大是文化有限公司
法律顧問／永然聯合法律事務所
香港發行／豐達出版發行有限公司"Rich Publishing & Distribut Ltd"
地址：香港柴灣永泰道70號柴灣工業城第2期1805室
Unit 1805, Ph. 2, Chai Wan Ind City, 70 Wing Tai Rd, Chai Wan, Hong Kong
電話：21726513　傳真：21724355
E-mail：cary@subseasy.com.hk

封面設計／林雯瑛
內頁排版／楊思思
印　　刷／鴻霖印刷傳媒股份有限公司

出版日期／2024 年 5 月 初版
定　　價／390 元
I S B N／978-626-7377-84-0
電子書ISBN／9786267377833（PDF）
9786267377826（EPUB）
Printed in Taiwan